부동산 성공 투자의 시작
알기 쉬운 경매 실무

부동산 성공 투자의 시작

알기 쉬운
경매 실무

김인성 지음

발품 팔면
성공이
보인다

매일경제신문사

부동산 경매를 왜 해야 할까?

　우리나라 사람들은 어떻게 재테크를 할까? 물어보는 것이 어리석을 정도로 70% 이상이 부동산이다. 세계적으로 보면 미국은 가계자산의 30%가 부동산이고, 일본은 40% 정도의 수준이다. 우리나라 사람들의 부동산 사랑은 유별나다.

　잠자고 나면 어느 지역 아파트가 얼마가 올랐고, 어디는 보합세고, 분양시장은 어떻고, GTX는 어떻고…. 관심이 뜨겁다. 부동산 정보는 넘치고, 그에 따른 반응은 예민하다. 재산증식의 일등공신이 부동산이고, 그 부동산의 재산 비중이 크다 보니 그만큼 관심이 클 수밖에 없다.

　우리나라에 사는 한 부동산에 대해 비판적이든, 긍정적이든, 싫든, 좋든 부동산에 대해 알아야 한다. 그래서 부동산 시장은 언제나 따끈따끈하다. 우리 생활의 큰 부분을 들었다, 났다 한다고 해도 틀린 말은 아니다. '믿을 건 부동산밖에는 없다'라는 말이 보편적 일상어로 친숙하게 들릴 정도로 부동산이 재산의 큰 비중을 차지하고 있는 것이 현실이기 때문이다.

여론조사업체 입소스에서 OECD 28국을 상대로 행복도 조사를 한 결과 우리나라가 21등을 기록한 통계가 있다. 우리가 살아가며 부딪히는 가족관계, 부부관계, 건강, 더 많은 돈 등 여러 항목 중 각 나라 모두 건강이 1순위다. 하지만 우리나라는 더 많은 돈을 행복의 중요한 요소를 꼽았다. 그렇게 '더 많은 돈이 필요함'을 행복의 우선순위로 꼽으며, '매우 행복하다'라고 답한 사람은 3%에 불과해서 조사대상국 중 최하위로 가장 낮은 순위다.

그렇다면 더 많은 돈을 벌기 위해 무엇으로 어떻게 해야 하나? 2019년 KB금융에서 발표한 〈한국부자(富者)보고서〉 내용 중 장기적으로 유망한 투자처로는 빌딩, 상가, 거주주택, 토지, 임야 등 부동산이라고 응답한 경우가 가장 많았다고 한다. 역시 재테크의 수단으로는 부동산을 가장 선호한다. 그리고 이 조사 자료에 의하면 부자 가구가 부를 늘릴 수 있는 첫 번째 동력은 '저축능력'이고, 두 번째가 '종잣돈'의 활용이라고 한다.

부동산을 취득하기 위해서는 큰돈이 필요하다. 하지만 이 조사내용을 보면 부를 늘릴 수 있는 다시 말해서 돈을 많이 벌 수 있는 동력이 저축을 기본으로 한 '종잣돈'의 활용이라고 했다. 그렇다면 종잣돈을 활용해서 부동산을 취득하고 돈을 더 많이 버는 방법은 무엇일까? 그 답은 바로 경매다.

부동산 경매를 왜 해야 하는지 이제 답할 수 있을까? 경매는 부동산 거래 방법 중 하나다. 하지만 일반거래와 달리 매수금액을 자신이 정한다. 매도자는 법원이다.

경매 시장에는 가장 인기 있는 아파트를 비롯한 주택이나, 상가, 공장, 토지 등 다양한 종목과 다양한 가격대의 물건이 언제나 나온다. 그러므로 종잣돈을 활용해서 취득할 수 있는 물건이 일반 매매 상황보다는 훨씬 폭넓다.

부동산 성공 투자의 시작

경매로 돈을 벌고 싶은데 왠지 두렵고 관련 서적을 봐도 잘 이해가 안가는가? 학원도 다녀보고, 포털 사이트에서 무수히 나오는 경매 정보로 공부해도 접근법을 몰라 주저하는 사람들이나 이러한 지식으로 경매를 접해 보았어도 선뜻 실행에 옮길 자신이 없는 사람들은 이 책에서 소개하는 경매 실무로 시작하면 된다.

　필자는 경매 관련 책을 집필하면서 민사집행법을 알기 쉽게 풀고, 어렵고 난해한 부분은 가급적이면 배제했다. '경매가 좋은 이유, 즐거운 이유, 안전한 이유' 등이 주된 테마다.《알기 쉬운 기초 경매》와《알기 쉬운 경매 실무》,《알기 쉬운 특수물건》등 3권으로 나눠 집필했다.

　경매 기본상식, 경매 정보지 보는 법, 물건 찾는 방법, 물건분석(임대차 및 권리분석) 현장답사 요령, 경매 절차. 입찰 요령, 낙찰 후 인도(명도) 요령, 특수물건 알아보기 등 경매의 시작부터 끝까지 놓쳐서는 안 될 중요하고 필요한 부분을 요약해서 담았다. 이야기 형식으로 풀어서 초보자도 쉽게 이해할 수 있고, 실무에도 곧바로 적용할 수 있도록 기술했다.

　이 책은 1권《알기 쉬운 기초 경매》에 이은 2권으로 기초 경매 실무에 관련된 내용을 담았다. '교과서적 경매 실무보다는 현장 실무'에 주안점을 두고 이야기하듯 풀어서 설명을 했다. 외우기보다는 이해를 하는 데 역점을 뒀다. 자신감을 갖고 경매에 임할 수 있도록 구성하는 데 최선을 다했다. 1권의 기초 경매는 주로 손품에 의해 권리가 분석되는 반면 2권 경매 실무는 주로 발품 즉 임장활동(臨場活動)에 의해 권리분석이 마무리되고, 낙찰유무를 결정하는 과정이라고 보면 된다.

아무쪼록 경매에 입문하려는 사람이나, 입문한 사람이나, 포기한 사람이나 이 책을 구독하는 모든 사람들에게 조금이라도 도움이 되길 바란다. 경매를 통해 얻고자 하는 목적이 이뤄지기를 진심으로 기원하고, 응원을 보낸다.

끝으로 책을 집필하는 데 많은 도움을 주고 긴 시간을 기다리며 출간을 해준 (주)두드림미디어의 대표님을 비롯한 출판 관계자분들께 깊은 감사의 말을 전한다. 아울러 끝까지 집필할 수 있도록 관심을 가지고 응원해준 가족, 지인, 동문 그리고 책의 출간을 기다리는 주변의 많은 투자자들과 독자들께 고마움을 전한다.

김인성

차 례

프롤로그　부동산 경매를 왜 해야 할까?　**5**

Part 01　발품 현장조사는 필수

01 현장답사 1%의 중요성　**15**

02 현장답사 전 준비할 것　**17**

03 아파트 현장답사 시 가볼 곳　**19**

04 현장답사 시 종목별 체크리스트　**27**

Part 02　입찰물건 최종확인 솔루션

01 최종확인서 작성 방법　**47**

02 최종확인서 작성하면 어떤 점이 좋을까?　**49**

03 최종확인서 작성의 역할은?　**51**

04 최종확인서 작성 내용은?　**59**

05 적정 입찰가 산정은 내 뜻대로!　**63**

06 입찰경쟁자를 파악해보자　**67**

Part 03 준비가 끝났다, 가자! 법원으로!

01 경매는 어떻게 시작되나? **79**

02 입찰 절차를 살펴보자 **84**

03 입찰 무효가 되는 경우 알아보기 **90**

04 입찰표 작성하기 **97**

Part 04 슬기로운 매각대금 납부 방법

01 낙찰 후의 권리분석 **113**

02 잔금납부 요령 **117**

03 매각(낙찰)대금 납부기한, 방법, 절차 **120**

04 은행대출로 매각대금 마련하기 **124**

05 금융기관이 대출을 꺼리는 물건들 **133**

Part 05 건물 인도(명도)는 내 뜻대로!

01 경매의 마무리는 인도 **141**

02 인도(명도)의 방법 **143**

03 인도명령 신청하기 **154**

04 인도소송이란? **158**

05 강제집행 전 최후의 통보 **160**

06 강제집행의 실행 **170**

07 쉬운 명도, 어려운 명도 따로 있나? **176**

08 가장 임차인의 발생유형 **185**

09 인도(명도)합의서와 인도확인서 **190**

10 인도(명도)는 심리전 **195**

Part 01

발품
현장조사는
필수

01 현장답사 1%의 중요성

"현장답사가 그렇게 중요한가? 손품 팔아 확인할 것은 다 했는데, 발품까지 팔아야 하나?"

그렇다. 현장답사도 가야 한다. 인터넷 경매 정보사이트에서 거의 모든 것을 확인할 수 있다. 그렇지만 99% 손품을 팔아 확인이 된다고 해도 발품으로만 확인할 수 있는 나머지 단 1% 때문에 낙찰을 포기하게 되는 것이 경매다.

설령, 경매정보사이트에서 제공하는 지역정보와 네이버와 같은 포털 사이트에서의 스카이뷰나 로드뷰를 통해 해당 물건의 위치나 주변 환경과 도로 사정 등을 충분히 검색할 수 있다 해도 실물 임장(臨場)활동을 해야 한다.

특히 건물일 경우에는 실질적으로 누가 거주하는지, 거주자가 경매 정보사이트에서 제공하는 내용과 같은지 등을 확인해야 한다. 실질적으로 점유하는 사람의 사실관계는 현장에서만 확인할 수 있기 때문이다. 현장에서 사실관계를 확인하는 1%가 손품으로 확인한 99%보다도 더 중요하다는 사실이다.

경매 물건의 취득도 부동산 취득의 한 방법일 뿐 그리 특별할 것도 없다. 일반매매로 취득 시 현장답사에서 상식적으로 조사하는 부문들을 확인하고 검토하고 결정을 하는 그런 기준으로 하면 된다. 경매에서의 현장답사가 크게 다르거나 그리 어려운 것이 아니다.

02 현장답사 전
준비할 것

경매 현장답사에는 무엇을 준비해야 할까? 준비라고 해봐야 그렇게 어려울 것은 없다. 우선 현장으로 출발하기 전에 법원 경매 사이트나 해당 경매계를 통해 해당 물건이 취하나, 변경, 중지가 되지 않았나를 확인하는 것이 필수다. 그래야 시간적 낭비를 줄일 수 있다. 입찰받을 수 없는 물건에 공들일 이유가 없지 않은가!

조사물건의 정보지 2장 정도를 복사해서 지참한다. 법원 정보지든 사설 경매정보지든 상관없다. 물건이 주택이라면 행복복지센터(동사무소)를 방문해서 전입세대 열람을 할 경우에 반드시 필요하다. 그리고 답사물건이 여러 곳인 경우 이동경로를 미리 설정하고 시간을 관리하는 것도 요령이다.

 체크리스트도 작성해서 지참하면 헛걸음을 줄일 수 있다.
종목별 체크리스트는 따로 상세히 실었으니 참조하시라.

 확인할 내용이나 알고 싶은 것, 의구심이 생기는 부문 등을
체크리스트에 기재하지 않으면 현장답사에서 확인해야 할 부
분을 잊어버리는 경우가 많다. 불필요한 시간 낭비와 체크해야
할 부문의 누락을 방지하기 위해서라도 미리 작성하고 답사해
야 한다. 경매 정보지와 등기부, 대장 등 각종 공부를 통해 확
인한 부분과 현장상황이 일치 여부에 대한 확인과 시세 등이
주요 체크사항이다.

03 아파트 현장답사 시 가볼 곳

인근 공인중개사사무소 방문하기

경매를 목적으로 현장답사 시 공인중개사사무소 방문을 주저하거나 외면당할까, 기분 나쁘게 대하지 않을까 염려를 하는 경향이 있다. 매도자나 매수인 입장에서 물건을 접수하러 간다면 전혀 그럴 필요 없이 당당히 상담할 수가 있는데 말이다.

그런 선입견에 걱정이 돼 방문이 꺼려진다면 들르지 않으면 된다. 정보지에 나와 있는 각종 사이트의 거래가격을 참고해서 전화로 상담해도 충분하다. 시세 파악은 그렇게 해도 얼마든지 가능하다.

[자료 1-1] 정보지 시세확인

태인권리분석	개별공시지가	KB아파트시세	APT실거래가	전/월세시세	수익률계산기	세금계산기
대법원 바로가기	오류신고/제보				가로배열	세로배열

❶ 국토교통부 아파트 실거래가 new - 인천 연수구 송도동 ▨▨▨엑스포(116.3387㎡) 더보기▼

매매(만원)				전월세(만원)			
계약일	면적	층수	거래금액	계약일	면적	층수	전월세금액
2020.03.21~31	84.99㎡	13층	53,000만원	2020.02.21~28	84.99㎡	5층	18,000만원 - 60만원
2020.03.21~31	99.31㎡	9층	59,000만원	2020.02.21~28	84.99㎡	9층	30,000만원
2020.03.21~31	128.47㎡	26층	73,000만원	2020.02.21~28	84.99㎡	8층	35,000만원
2020.03.01~10	128.47㎡	24층	68,000만원	2020.02.21~28	99.31㎡	11층	40,000만원
2020.02.21~28	84.99㎡	5층	48,000만원	2020.02.21~28	99.31㎡	9층	40,000만원

그런데 기왕지사 현장답사를 나왔으니 싫든 좋든 부딪혀 봐야 하지 않을까? 공인중개사가 호의적인지 배타적인지도 모르고 앞선 걱정 때문에 이야기도 못한대서야 되겠는가! 최근 투자자와 함께 현장답사 차 각기 다른 물건이 있는 인근 4개소의 공인중개사사무소를 방문했다.

"안녕하세요, ○○아파트 경매 나온 게 있어 낙찰받으면 팔거나, 전세나 월세로 놓으려는데 시세가 어떤지 알고 싶어서 들렀습니다."

"아, 그거요, 손님처럼 단도직입적으로 묻는 분은 처음이고 은근슬쩍 돌려서 묻는 사람 2명 정도 있었고 전화문의는 귀찮을 정도로 많이 옵니다. 낙찰받으면 저희한테 의뢰하세요. 금방 팔아 드릴 테니까요. 시세는 알고 오셨지요? 네이버나 국토교통부 실거래가, 한국부동산원(한국감정원) 등에서 제공하는 시세로 보면 됩니다. 그 시세 저희 같은 공인중개사사무소에서 거래된 가격이거나 실시간 모니터링하는 시세라 거의 정확해요."

참으로 친절하고 자세하게 상담에 응해주는 여성 공인중개사다. 이 물건은 인천 소재 아파트로 35명이 응찰해서 96.97%에 낙찰됐다.

또 다른 3곳은 시흥시 소재 아파트로 단지 내에 있는 공인중개사사무소였는데, 이 3곳 역시 전부 여성 공인중개사들이었다. 매각기일 1주일 전이었는데 3곳 다 방문한 사람이 한 사람도 없었단다. 1곳은 전화문의는 많이 온다고 했고 2곳은 경매로 나온 사실조차 모르고 있었다. 3곳 모두 낙찰받으면 팔아줄테니 매물을 달라고 했다. 물론 3곳 다 낙찰가율이 감정가의 90% 이상으로 높은 가격에 매각됐다.

이동 경로를 잡고 아파트당 1개소의 공인중개사사무소를 차례로 방문해서 시세와 거래 동향을 파악하는데 그리 오랜 시간이 필요하지도 않았다.

어떤 이들은 공인중개사사무소 방문 시 질문리스트 10가지를 작성해서 물어보라고 한다. 이것은 무모한 주문이다. 낙찰받지도 않은 상태에서 바쁜 공인중개사를 붙들고 긴 상담을 하려 하는 것 자체가 무리다. 상담은 상대적이다. 매도인도 매수인도 아니면서 실질적 물건을 의뢰하는 고객처럼 문의를 한다거나, 경매 물건 단순 시세조사를 하러 방문한 사람이 상당한 시간 동안 지나치게 많은 것을 물으면, 스스로가 비우호적이거나 배타적 반응을 만드는 격이 된다. 처음부터 솔직히 목적을 밝히고 간단명료하게 문의를 하면, 고객으로 적절한 응대를 받으며 필요한 정보를 얻을 수 있다.

그리고 공인중개사사무소 방문이 껄끄럽다거나 시간이 여의치 않다거나 하면 아파트나 빌라 등 공동주택일 경우 굳이 방문하지 말고 정보지에 공개된 주변 공인중개사사무소에 전화로 상담해도 좋다. 전화문의만으로도 매매나 전, 월세 정보 등 거래동향을 얼마든지 파악할 수가 있다. 아파트 등 공동주택은 마켓에 진열된 상품과 같아 층수나 조망에 따른 가격의 차이가 있을 뿐, 거의 비슷한 가격에 공개되기 때문이다.

아파트 관리사무소도 가봐야 할 곳

"안녕하세요!", "네. 무슨 일로 오셨습니까?", "다름이 아니라, 106동 ○○○호가 경매로 나왔는데 궁금한 것을 문의 좀 하려고요", "아, 그 집요! 관리비 밀린 거 없고요. 건물주 가족들이 살아요. 그 집 분들, 좋은 분들인데 참 안됐어요. 얼마 전에 집도 리모델링해서 새집 됐는데."

오래 이야기하고 싶지 않은지 묻기도 전에 관리사무소 여직원이 알고자 하는 내용 3가지를 모두 말해준다. 간단하게 파악이 끝났다.

"귀찮죠? 많은 사람들이 와서 똑같은 질문을 해요", "전화 문의가 불이 나게 많이 오고 해서 좀 귀찮기는 해요. 방문하신 분은 처음이신데요? 다른 사람 있을 때는 모르겠지만", "아! 그래요? 고맙습니다!"

내일이 입찰일이고 상당히 많은 사람이 입찰하리라 예상을 했는데, 방문자가 이렇게 적을 수가! 아니나 다를까 이곳은 35명 응찰했고, 96.97%에 낙찰됐다.

[자료 1-2] 낙찰사례

진행결과	임차관계/관리비
감정 220,000,000	▶법원임차조사 　조사된 임차내역 없음
100% 220,000,000 유찰 2020.02.04	▶전입세대 직접열람 GO 　서** 2015.04.03 　열람일 2020.01.21
70% 154,000,000 변경 2020.03.09	▶관리비체납내역 ・체납액 :0
70% 154,000,000 낙찰 2020.04.09 　213,333,000 　(96.97%) 　한■우 　응찰 35명	・확인일자:2020.01.21 ・19년11월까지미납없음 ・☎ 032-812-■■
2위 응찰가 213,000,000	

　관리사무소를 방문하는 목적은 사는 사람이 소유자와 그 가족인지 임차인인지 또는 불법점유자인지 사실관계를 확인하기 위해서다. 관리비 체납의 정도와 집 상태도 알아본다. 그리고 관리사무소 방문자나 전화문의 정도로 예상 입찰 수를 가늠하는 등 정보를 확인하는 것이 목적이다. 입찰하기 위해서 이보다 더 중요한 사항은 없다.

　그런데 지금까지의 사례에서 보듯 최근 입찰자들이 경매의 기본이라고 할 수 있는 현장답사를 소홀히 하고 입찰에 참여하는 경향을 볼 수가 있다.

그만큼 법원의 정보와 사설 경매 정보사이트의 정보, 포털사이트 현장지도와 주변 환경이나 교통, 편의시설 정보 등을 신뢰한다는 방증이다. 그러나 다른 입찰자들이 그렇게 한다고 따라서 할 필요는 없다. 다른 사람들이 어떻게 하든 부화뇌동(附和雷同)하지 말고 자신만의 원칙을 세워 그대로 진행하는 것이 중요하다.

행정복지센터(동사무소)도 가보자

동사무소가 주민자치센터에서 다시 행정복지센터로 바뀌었지만, 아직도 동사무소가 더 익숙하다. 기왕에 답사를 나왔으니 여기도 들러보자. 정보지를 통해 충분히 검토했지만 계약 전에 등기부등본 열람하는 것처럼 다시 한번 직접 확인하는 것도 괜찮다.

신청은 간단하다. 신분증과 해당 물건의 경매 정보지를 지참하고 가까운 행정복지센터를 들러 비치되어 있는 전입세대열람신청서에 동거인 포함해서 신청하면 바로 발급받을 수 있다.

정보지에서 확인한 전입세대와 현재 발급받은 전입세대가

차이점이 있는지 확인한다. 만일 새로운 점유자가 있다면 권리관계의 변동보다는 명도에 대한 추가계획을 세워야 하는 정도로 보면 된다.

[자료 1-3] 전입세대 열람 참고

전입세대 열람 내역(동거인포함)

행정기관: 서울특별시 강동구 명일제2동						출력일시:	2020년 1월 21일 16:35:51
신청주소: 인천광역시 연수구 빛꽃로 172, 106동 6 호						출 력 자:	
						페 이 지:	1

순번	세대주성명	전입일자	등록구분	최초전입자	전입일자	등록구분	동거인수	동거인사항			
								순번	성명	전입일자	등록구분
	주 소										
1	서 **	2015-04-03	거주자	서 **	2015-04-03	거주자					
	인천광역시 연수구 빛꽃로 172, 106동 6 호 (연수동, 아파트)										

- 이하여백 -

04 현장답사 시 종목별 체크리스트

현장답사의 목표는 경매 사건목록이나 경매 정보사이트의 권리분석이나 물건분석 등 기록된 사실과 현장상황과의 일치 여부를 확인하는 것이다. 공부상으로 확인할 수 없는 부분을 확인하는 것이 현장답사의 궁극적 목표다. 그렇다면 현장답사에서 체크해야 할 부분은 어떤 내용이 있는지 종목별로 종합 점검해보기로 하자.

상가 현장답사 체크리스트

상가 매수의 목적은 크게 3가지로 분류할 수 있다.

첫째, 자기 사업을 영위하기 위한 목적

둘째, 임대수익이나 향후의 기대이익을 위한 목적

셋째, 단기매매로 시세차익을 얻기 위한 목적

이 3가지 중 어느 목적으로 매입하든 체크해야 할 부분은 거의 같다. 우선 현장답사 전 매각물건명세서와 현장조사서 등 공적 장부를 통해 권리분석을 하고 현장 확인이 필요한 부분이 있으면 그 부분을 체크리스트에 작성한다.

아래의 내용은 체크리스트 작성 시에 중요한 부분에 대해 분류한 것이다. 이러한 분류에서 답사 전에 확인하고자 하는 부분을 리스트에 작성해서 현장답사를 하면 꼼꼼하게 확인을 할 수 있다.

첫째, 움직이는 상권을 체크해야 한다.

상가는 뭐니, 뭐니해도 상권이다. 입지가 좋고 상권이 활성화된 지역이라면 그보다 더 좋은 수익형 부동산은 없다. 상권에 따라 업종이 입점해서 영업하게 되는데 상권은 늘 움직인다는 사실도 염두에 두고 향후의 상권변화에도 살펴봐야 한다.

예를 들어 대규모 집적시설인 농산물도매시장이 다른 한적한 곳으로 이전하고 그 자리에 아파트단지가 생기면 인근 상권이 어떻게 될까?

주변의 농산물 관련 업종들이 나가고 다양한 새로운 업종이 생기면 새로운 상권이 형성되고 상가가치의 상승을 기대할 수 있지 않은가?

둘째, 대상 상가를 안고 있는 상권에 대한 접근성이다.

상권의 접근성이란 유동인구와 교통망을 말한다. 또한 주변에 백화점, 대학 등 인구를 유입하는 집적시설이 있는지도 살피고, 그러한 시설과 전체 상권에 대한 연관성에 비례해서 대상 상가에 대한 접근성을 꼼꼼히 살펴야 한다.

셋째, 수익성이다. 매매가와 임대료 시세 그리고 공실률을 파악해서 수익성을 검토해야 한다.

분양상가인 경우 분양가를 기준한 감정가로 최초매각가가 시작되는 경우가 많지만 일반상가인 경우에는 아파트나 다세대주택 등과 같이 거래 사례가 별로 없어, 감정가가 원가방식이나 수익환원법에 의한 방식으로 최초매각가가 시작되는 경우가 많다. 그런 이유로 가격조사를 적어도 공인중개사사무소 2~3곳 이상은 방문해서 조사해야 한다. 또한 임대료 수준과 오피스상가일 경우 임대수요와 공실률 등을 잘 챙겨야 한다. 이 부분은 수익형 부동산에서 수익과 직결되고 매매가의 산정기준도 되기 때문에 세밀하게 체크해야 한다.

넷째, 세입자다. 상가 세입자는 재계약 가능성이 높다. 주택과 비교해서 명도 부담은 덜하다. 하지만 대항력 있는 선순위 임차인이 있을 경우 낙찰자가 인수할 가능성도 염두에 둬야 한다. 특히 환산보증금을 초과하는 선순위 임차인이 배당신고를 해도 우선변제권이 없어 매수인이 부담해야 한다는 사실 또한 유의해야 한다.

다섯째, 유치권이다. 어렵고 까다로운 권리다. 경매사건 목록에 기재되지 않았는데 현장답사 시에 확인되는 경우가 많다(유치권에 대해서는 3권 특수물건에서 자세한 설명을 하겠다).

여섯째, 관리인이 있는 상가라면 관리인을 반드시 만나야 한다. 공실일 경우 미납관리비나 공실률도 알아보고 세입자가 영업 중인 상가일 경우 장사가 잘되는지 안 되는지 업주가 자주 바뀌는지 등도 알아보고 만약 유치권자가 있다며 그 적법성과 유치시기 등, 조금이라도 궁금하고 의심스러운 부분이 있다면 다 확인해야 한다.

일곱째, 현재의 입지조건에 맞는 업종이 영업을 하고 있는지도 분석해야 한다. 쌩뚱맞은 업종이 영업을 하고 있다면 매입 후 임차인이 재계약을 원하더라도 위치에 맞는 다른 업종 임대를 고려해야 한다.

많은 사람들이 잘 알고 있듯이 상가의 가치는 입지조건 못지않게 업종이 좌우한다.

위치는 별로 안 좋은데 유명 프랜차이즈 가맹점이 입점해 성황을 이루고, 상가 가치가 치솟는 경우를 주변에서 많이 보지 않는가! 이밖에도 제시외든, 포함됐든 불법 건축물이 있는지도 살펴본다. 주거 흔적이라도 있으면 행정복지센터에 가서 전입세대도 열람 확인해야 한다.

상가의 종류로는 근린상가, 근린주택, 단지내상가, 주상복합상가, 오피스텔상가, 오피스상가 등 다양하다. 어느 상가를 불문하고 상가 경매는 아파트처럼 경매 정보지로 권리분석하고, 포털 사이트의 위성사진이나 지도를 보고, 그 지역의 교통이나 주변 환경 등을 검색하고, 전화 확인만으로 입찰 여부를 결정할 수 있는 그런 물건이 아니다. 그야말로 손품보다는 발품이 더 중요하다. 현장답사를 통해서 취득목적에 맞는 상가인시를 최종판단하고 입찰 여부를 결정해야 한다.

어떤 목적으로 구입을 했든 상가 투자의 궁극적 목적은 임대수익과 향후 상가 가치의 상승으로 투자이익을 실현하는 것이 목적이다. 상가는 아파트 등 주택처럼 환금성이 좋은 상품이 아닌 만큼 신중에 신중을 기해 투자해야 한다.

토지 현장답사 체크리스트

토지 투자자들은 '잘 투자한 토지 열 아들 부럽지 않다'라는 말을 한다. 재테크의 수단으로 토지 투자가 수익이 좋고 매력이 있기에 하는 말일 것이다. 하지만 토지는 투자 이익에 대한 기대가 큰 만큼 위험성도 있고 환금성도 늦다. 그래서 투자의 마지막 단계라고 한다.

토지의 지목에는 28가지가 있는데 그중에 대지(垈地), 임야(林野), 농지(農地) 3가지를 투자대상이라고 보면 된다. 토지 이용 측면에서는 대지에 가장 많이 투자하고, 개발이익 측면에서는 임야에 투자한다. 향후 지역 개발요인이나, 전반적 부동산 가치상승의 기대치에 대한 단순 투자로는 전(田), 답(畓), 과수원(果樹園) 등 농지를 선택한다.

토지에서 공통적으로 체크할 것은 '수도권정비계획법'의 권역별 규제사항과 '국토의계획및이용에관한법률'상의 지역, 지구, 구역 등 규제사항이다. 규제사항을 면밀하게 분석하고 도로와의 접도 관계와 개발계획이 있는지에 대해 검토한 후 구입

목적에 따라 임장활동을 한다.

지목별 체크리스트

나대지(裸垈地)

첫째, 대상 토지의 지역과 지구 등 규제사항을 확인한다. 토지대장의 면적과 등기부상의 면적이 다르면 토지대장 면적을 기준으로 검토한다. 현장답사 시 지적도상의 경계와 이웃 필지의 경계가 이상 없이 구분돼 있는지를 반드시 확인한다. 채소나 수목 등의 무단식재 여부도 살펴야 한다.

둘째, 도로를 체크한다. 건축허가를 받기 위해서는 원칙적으로 4m 도로에 2m 이상 접해 있어야 한다. 지적도상의 도로가 기준이 된다. 도로를 이웃 토지가 점하고 있는지 대상 토지가 도로로 포함 사용하고 있는지에 따라 분쟁이 많아 특히 세밀히 확인하고 점검해야 한다.

셋째, 가건물이나 무허가건물, 비닐하우스 등 불법구조물 등이 있 는지 확인한다. 있다면 경매물건 포함 여부와 사람이 거주하는지도 체크한다. 행여 사람이 거주하는 흔적이 있다면 '주택임대차보호법'상 임차인에 해당하는지 확인한다. 불법점유자 여부를 전입세대열람을 통해 반드시 조사해서 명도계획을 세워야 한다(임야, 농지도 조사대상).

넷째, 가건물이나 무허가건물 등이 있을 경우 유치권이나 법정지상권 여부도 반드시 체크해야 한다(임야, 농지도 조사대상).

다섯째, 건축하려는 용도에 대한 인접건축물과의 적합성과 거래사례가격 등을 인근 공인중개사사무소를 방문해서 반드시 확인한다.

임야(林野)

임야란 산림(山林) 및 원야(原野)를 이루고 있는 수림지, 죽림지, 암석지, 자갈땅, 모래땅, 습지, 황무지 등의 토지를 의미한다. 임야대장에 표기되지만 토지대장에도 지목을 임야로 표기하는 경우도 있다. 임야는 보전임지에 속하면 용도전환이 엄격하게 제한된다. 같은 지역 외의 임야도 용도전환이 제한된다. 산림의 전용을 위해서는 형질변경을 하고자 하는 산림의 조성에 소요되는 대체조림비를 납부해야 한다. 이처럼 임야의 용도를 전환하려면 상당한 제한이 있다는 것을 기본으로 알고 임야를 구입해야 한다.

첫째, 토지이용계획확인원, 임야도, 임야대장 또는 토지대장 등 지적공부를 발급받아 지역, 지구, 구역에 따른 규제사항을 확인한다. 임야도에서의 평면 모양과 도면상 이웃 토지의 경계와 범위를 체크한다. 등기부상 면적이 차이가 난다면 임야대장의 면적을 기준으로 산정하고 검토한 후 임장에 나선다.

둘째, 경계를 찾아라. 찾기가 어려워도 찾아야 한다. 임야 취득 시 경계 확인하기가 제일 어렵다. 특히 일반매매와는 다르게 매도인이 경계를 확인해주지 않는다. 입찰자 스스로가 확인해야 한다. 봄부터 가을까지는 수풀과 산림이 우거져 있어 경계를 찾는다는 건 불가능에 가깝다. 그래서 일반매매로 임야를 취득할 때는 경계 찾기가 가능한 겨울철에 한다. 경계 찾기뿐만 아니라 측량하기도, 분묘 찾기도 비교적 수월하다. 어려워도 찾아야 하니 이렇게 해보자.

자산관리를 한 사람이라면 반드시 경계지점에 측량 말뚝을 눈에 잘 띄게 해놓았을 것이다. 이웃 토지 사이에 예상 경계지점을 찾아 헤매게 되더라도 찾아보자. 그래도 못 찾겠다면 예상 경계지점에 대상 임야지 와는 다른 수종이 식재해 있다면 거기가 경계일 가능성 많다. 그것으로도 찾아낼 수 없다면 예상 경계지점의 특이한 수목이나 돌 또는 지형지물이 있는지 확인하자. 경계지점에는 어떤 표식을 했을 가능성이 있다. 임야는 경계표시가 어려워 향후 분쟁과 소송의 여지가 있다. 경계를 찾아야 하는 중요한 이유 중 하나다.

셋째, 산림 훼손을 통한 개발행위를 목적으로 취득한다면 임야의 형상이나 경사도와 경사의 방향, 수목의 종류와 수령 등도 체크해야 한다. 임야의 경사도는 용인 15도, 광주 20도, 양평과 가평 25도 등 지방자치단체마다 차이가 있다. 어디든 기준치 이상이 되면 개발 허가를 받기가 쉽지 않다. 임야의 경사도는 시, 군, 구나 인근 토목설계소 등을 방문해서 확인해야 한다. 산림이 울창하거나, 잡목이 아닌 활엽수가 전체 나무의 50% 이상이어도 역시 개발허가가 쉽지 않다.

넷째, 도로가 있어야 한다. 임야도상에 맹지로 도로가 없다면 일단 개발행위는 할 수가 없다. 임야도상의 맹지라도 현지답사를 해보면 산림로나 등산로 등 실사용 도로가 있는 경우가 많다. 하지만 그 도로로는 개발행위에 대한 인허가를 받기 어렵다. 개발행위를 목적으로 취득한다면 시, 군, 구나 인근 토목설계소를 방문해서 충분히 검토한 후 취득해야 한다.

다섯째, 우리나라 산은 연고가 있든, 없든 묘가 있다. 1~2기 이상 거의 모든 산에 묘가 있기 때문에 묘가 있다는 것을 염두에 두고 검토를 해야 수월하다(3권《알기 쉬운 특수물건》에서 자세한 설명).

여섯째, 이장이나 통장을 찾아 인근에 산림전용 사례나 가능성 여부를 물어본다. 특히 분묘가 있다면 연고자 등에 대해 문의한다. 인근 공인중개사사무소를 들러 거래사례나 가격, 개발 가능성 등도 확실하게 체크한다.

농지(農地)

첫째, 전, 답, 과수원 등 농지는 농지법에 의해 엄격하게 규제된다. 그래서 주택이나 공장부지 등으로 전용하기 위해서는 대상 농지의 소재지 관할 농지관리위원회의 확인을 거친 후 농림수산식품부 장관의 허가를 얻어야 한다. 이처럼 까다로운 절차가 있기 때문에 사전에 농지전용 가능성 여부에 대해 시, 군, 읍, 면 등이나 토목설계사무소에 반드시 확인해야 한다.

둘째, 단순 투자든 농지전용을 목적으로 취득하든 농지의 경계와 진입로 여부를 확인해야 하고 분묘도 확인해야 한다.

셋째, 도시지역 내의 농지는 농지로 보지 않고 나대지로 취급하기 때문에 농지취득자격증명이 필요하지 않다. 하지만 법원에서 요구할 때는 기타지역과 마찬가지로 매각일로부터 7일 이내에 제출해야 한다. 해당농지가 증명서 발급이 가능한지도 사전에 체크해두는 것이 좋다.

넷째, 대항력 있는 농지임차인이 있는지도 확인이 필요하다. 농지임차인의 대항력은 농지임대차를 체결하고 인도를 받고 관할 시, 군, 읍, 면의 장에게 확인을 받은 다음 날부터 효력이 있다. 경매 시에는 매수인의 부담이 발생할 소지가 충분하다.

다섯째, 이장과 면담하거나 인근 공인중개사사무소를 방문해서 거래시세나 해당 농지와 관련된 향후 개발계획 등이 있는지 확인도 필수다.

공장 현장답사 체크리스트

첫째, 감정가격에 포함된 공장에 설치되어 있는 기계류, 기구, 설비 시설 등의 고유번호를 확인한다. 리스나 렌탈 시설은 잔존 가격에 대한 내용을 체크해야 한다.

둘째, 감정가에서 제외된 물건 등이 있을 시 소유 관계나 현존상태를 확인하고 인수 여부에 대해 확인한다.

셋째, 공장 내에 가건물이나 무허가건물 등 불법구조물 등이 있는 지 확인한다. 있다면 경매 물건에 포함됐는지, 여부와 사람이 거주하는지도 체크해야 한다. 또한 공장 내에 기숙사 등이 있다면 전입세대열람을 통해 반드시 조사한다. 조사를 통해 대항력 있는 임차인이 있는지 살펴봐야 한다. 해당 건물에 대한 유치권이나 법정지상권도 알아봐야 한다.

넷째, 산업폐기물처리, 공과금, 낙찰대금 이외에 현장인수 시 필요한 부대비용을 확인한다.

다섯째, 취득 목적의 적합성과 인허가 여부도 체크한다.

주택 공통부분 체크리스트

주택은 크게 단독주택과 공동주택 2종류로 분류가 되는데 다양하다. 대표적 형태를 살펴보면 단독주택에는 단독주택, 다가구주택, 다중주택, 공관 등이 있고 공동주택으로는 아파트, 연립주택, 다세대(빌라)주택, 주상복합주택, 도시형생활주택 등이 있다. 이밖에 준주택에 해당하는 오피스텔, 기숙사, 노인복지주택, 다중생활시설(고시원) 등 주택의 종류가 다양하고 많다.

첫째, 어떤 종류의 주택이든 권리분석의 가장 중요한 내용은 역시 임차인이다. 가장 핵심적인 체크사항은 임차인에게 대항력이 있느냐, 없느냐를 확인해야 한다. 그런 연후 진성임차인이냐, 가짜임차인이냐, 보증금을 조금이라도 배당받는 임차인이냐, 아니면 한 푼도 못 받고 쫓겨나는 임차인인지 알아본다. 또 점유자가 소유자인지, 아니면 누구인지 살펴봐야 한다. 건물의 종류나 형태를 불문하고 주택임대차보호법상 대항요건을 갖추면 법의 보호를 받는 임차인이 되어 낙찰자를 곤란하게 하므로 꼼꼼하게 체크해야 한다.

이러한 임차인의 권리분석은 1차적으로 정보지의 현황조사서나 매각물건명세서에서 꼼꼼하게 분석해야 한다. 그 분석한 내용을 근거로 현장답사에서는 더 세밀하고 정확하게 분석해야 한다. 법원 경매 정보와 일치하는지 차이가 있는지 여부 판단이 핵심 사안이다. 그래서 임차인에 대한 조사사항은 현장답사 시 체크리스트 기재사항의 0순위라 할 수 있을 정도로 중요하다.

일단 현장에서의 임차인 진위 여부에 대한 조사는 행정복지센터의 전입세대열람을 비롯한 이웃 주민이나 또는 인근 공인중개사사무소에서, 관리사무소가 있는 공동주택인 경우에는 관리사무소에서 등 가능한 한 모든 방법을 다 동원해서라도 확인하는 것이 좋다.

둘째, 경매 물건에 포함된 물건의 사실관계와 포함되지 않은 무단증축물이나 불법구조물 등을 확인한다. 낙찰받은 후에도 철거 위험이나, 상당한 금액의 강제이행금을 부담할 가능성이 있다.

셋째, 법원의 경매 사건목록에 기재되지 않은 유치권이나 법정지상권 등이 있는지 여부를 확인한다. 이 또한 상당히 중요한 권리다. 자칫 낙찰 후에는 낙찰을 포기해야 할 수도 있으므로 세심하게 조사해야 한다.

넷째, 인근 공인중개사사무소를 방문하자. 아파트 외의 주택을 현장답사할 때는 적어도 1곳 이상 꼭 방문해야 한다. 경매 물건 확인을 위한 방문이라는 목적을 밝히고 거래 시세나 임대 시세와 더불어 해당 주택의 점유자에 대한 정보와 주변 환경 등을 상담한다.

다섯째, 해당 주택을 중심으로 한 역세권 여부와 대중교통시설과 정류 장과의 거리는 어떤지 학교, 학원 등 교육시설과 시장, 생활편의시설, 의료시설, 문화시설, 종교시설과 공원, 체육관, 체육시설 등 주변 환경을 조사한다. 주변 환경조사는 우량한 물건을 선택하는데 필수조건이다. 우리가 살아가며 주변에 꼭 있어야 할 부분들이다.

이렇게 광범위한 지역에 위치한 시설들을 어떻게 발품 팔아다 확인할 수 있을까? 현실적인 어려움이 따른다. 과거에는 정보지 하나 달랑 들고 가서 많은 시간을 투자해가며 그렇게 했다. 그런데 요즘 세대는 어떤가? 바야흐로 인터넷 전자지도 시대다. 전자지도만 클릭하면 뭐든지 다 찾을 수 있다. 아무리 넓은 지역이라도 산재한 시설들을 발품 팔아 확인하지 않아도 거의 모든 것을 확인할 수 있다. 이렇게 손품 들여 확인할 수 있는 내용은 굳이 현장조사 체크리스트에 넣지 않아도 된다.

경매 물건조사뿐만 아니라 우리의 일상생활에서 인터넷 정보는 살아가는데 편리하고, 모르고 살면 불편한 생활필수품이 됐다. 인터넷 정보로 확인할 수 있는 부분을 최대한 활용해서 현장답사의 시간은 절약하자. 현장답사에서만 확인할 수 있는 부분을 체크하는 데 효율적으로 시간을 투자해서 권리분석을 하자.

지금까지 설명한 것과 같이 경매 사건목록이나 경매 정보사이트의 권리분석, 물건분석 등을 충분히 검토해야 한다. 그중 현장에서 꼭 확인해야할 부분에 대한 체크리스트의 중요성과 요령에 대해 설명을 했다. 현장답사 시 체크리스트는 권리분석의 시작인만큼 잊지 말아야 한다.

Part 02

입찰물건
최종확인
솔루션

01 최종확인서 작성 방법

    입찰물건의 최종확인은 대법원 경매 사이트나 민간정보업체의 정보를 통해 취득목적에 맞는 경매 물건을 선정해서 그동안 손품과 발품을 통해 분석했던 모든 내용을 입찰에 임하기 전 최종적이고 종합적으로 확인하고 입찰을 결정하는 단계라고 보면 된다.

    최종확인은 가급적 서면으로 작성하는 것이 좋다. 경매 컨설턴트가 고객에게 보고하는 보고서가 아닌 만큼 일기 쓰듯 수필 쓰듯 기록을 하며 점검을 하든, 경매를 시작하며 경매 통장을 만들듯 별도의 파일에 본인만의 형식으로 기록을 하든, 간단하게 메모 형식으로 하든, 어떤 형식이든 상관없다.

그동안 분석하고 조사한 내용을 기억하고 입찰에 참여하면 되지 굳이 보고서는 무슨 보고서인가? 누구한테 제출해야 하는 것도 아닌데 말이다. 그렇다. 틀린 말이 아니고 그렇게 하는 사람들도 많다. 하지만 물건을 선정하고 분석하는 과정에 누구든 메모도 하고 체크리스트 작성도 하며 최종결정 단계까지 왔을 것이다. 그런 기록들을 토대로 서면으로 최종 점검하는 과정이라고 보면 된다.

02 최종확인서를 작성하면 어떤 점이 좋을까?

최종보고서 작성의 장점으로는 권리분석에 소홀함이나 누락된 부분이 있는지 없는지를 알게 되어 실수를 방지할 수 있다는 것이다. 경매에서의 실수는 곧바로 재산상의 손실을 가져온다. 재경매로 나오는 물건 대부분이 권리분석의 소홀함이나 수익성 분석의 착오 등으로 인해 더 큰 손실을 막기 위해 할 수 없이 입찰보증금을 포기하고 나오는 물건이다. 혹 떼려다 혹 붙여서야 되겠는가!

또 좋은 점은 어떤 형식으로 작성하든 최종적으로 점검하는 습관을 가지다 보면 경매를 체계적으로 하게 되어 실수로 인한 재산상 손실을 방지할 수 있고, 낙찰 또는 패찰을 했어도 최종보고서는 검증된 학습 자료로써 기록으로 남게 된다. 이러한 사례가 쌓일수록 노하우를 습득하게 되며 경매를 즐기고 지속적으로 할 수 있게 되는 것이다.

이렇게 입찰물건에 대해 소중한 경험이 쌓이고 기록이 누적되면 재테크의 교본도 되고 수필집으로도 가치가 충분해서 타인에게도 좋은 학습 자료로 활용될 수가 있는 것이다.

최종확인서 작성의 역할은?

대법원이나 민간정보업체에서 제공한 물건정보를 검증하는 역할

대법원 경매 정보는 집행법원의 사법보좌관이나 집행관들이 현장답사를 통한 사실조사와 등기부등본상의 권리관계나 공부상 물건의 내역 등과 법원이 지정한 감정평가사의 감정평가서를 토대로 작성된다. 민간정보업체의 경매 물건에 대한 정보는 법원 경매 정보의 내용을 토대로 자체 분석시스템을 통해 제공된다.

그러나 이렇게 등기사항전부증명서, 토지이용계획확인원, 건축물관리대장, 토지대장, 임야대장, 지적도, 임야도 등 공부상의 사실관계와 현장의 상황에 대해 정보를 제공하지만 때로는 사실과 다른 내용을 담고 있는 경우가 발견되곤 한다. 그중에 지번, 지목, 면적, 도로 등 부동산의 표시와 실사용 용도, 그리고 공동주택(특히 다세대주택)의 경우 동, 호수가 다르게 표기된 경우가 상당히 많은 편이다.

이러한 중요한 내용은 현장답사를 통해서만 사실 확인을 할 수 있는 사항이다. 입찰자가 직접 발로 뛰어 확인해야 한다. 별도로 확인한 등기부나 공부상 서류를 통해 정보지와의 차이점을 재확인하고, 물건의 하자 유무를 최종 검증을 해야 하는데 그런 역할이 최종확인서의 작성을 통해서 할 수 있는 것이다. [자료 2-1] 도로 관련 사례로 살펴보자.

[자료 2-1] 지적도상 맹지인 주택

경기도 평택시 소재의 2층으로 잘 지어진 단독주택이다. 소유자가 점유 거주하는 물건으로 명도를 하는데 큰 문제가 없는 물건인데도 불구하고 입찰자가 2명으로 참여도가 낮은 물건이다. 이유는 [자료 2-2] 지적도에서 보듯 지목은 대지지만 도로가 없는 맹지인 이유로 보인다.

공부상에 도로가 없는 맹지로 보였지만 [자료 2-3] 현황도를 보면 포장까지 잘되어 있는 도로도 있고, 정상적으로 건축허가를 받은 주택으로 주차장까지 설치되어 있는 것을 볼 수가 있다. 그러나 지적도나 토지이용계획확인원 등에 맹지로 표기 되어 있고, 법원서류도 공부상 서류를 근거로 맹지로 표기했다.

이런 경우 가치평가를 어떻게 해야 할까? 공부상의 맹지로 평가해야 할지, 현황상 도로가 있는 건부지로 평가를 해야 할지 입찰자 입장에서는 판단이 잘 안 되는 물건이다.

비록 지목은 대지라 하더라도 현행 건축법상 4m 이상의 도로에 2m 이상이 도로에 접해야 건축허가 대상이 된다. 이런 조건에 부합하지 않은 맹지가 어떻게 건축허가를 받고 건물을 지었는지 궁금하다.

[자료 2-2] 지적도

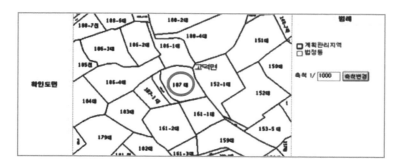

[자료 2-3] 현황도

　이에 대한 대법원 판례를 보면, 지적도상 맹지에서의 건축허가에 대한 기준은 거주민 5명 이상의 작은 마을에서 차량이나 사람들이 사실상 일상적으로 사용하고 있는 현황상 도로로 사용되고 있는 토지 소유자가 해당 관청에 도로사용에 대한 이의를 제기하지 않고 종전에 이 현황도로를 이용해서 건축허가를

받은 사실이 있으면 그 도로를 이용해서 건축허가를 받을 수 있다고 판결을 했다.

따라서 대법원 판례와 같은 도로 기준에 따라 건축허가를 받아 지어진 건물은 하자가 없는 정상적인 물건이라 판단할 수 있다. 그러나 도로로 사용되고 있는 토지의 소유자에 대한 도로사용료 지불문제 등 낙찰 후에 추가로 지불해야 할 부분이 있는지는 충분히 검토해본 후 입찰해야 할 물건이다.

그리고 지목이 현황과 다른 농지 또한 잘 점검해야 한다. 지목이 농지로 되어 있지만 현황상 주차장이나 창고 등과 같은 건축물, 구조물, 컨테이너 등 지목과 달리 사용하는 경우의 물건이 경매에 자주 나온다. 이런 물건은 원상복구의 대상이 되기 때문에 관으로부터 행정명령을 받고 철거를 하는 등 불필요한 부대비용이 발생할 수가 있다. 또한 농지취득자격증명원의 발급에도 문제가 될 수 있으므로 이러한 물건들은 최종확인을 통해 입찰 여부를 잘 판단해야 한다.

이밖에도 경매를 하다 보면 동, 호수가 다르게 표기된 공동주택이 자주 눈에 띈다. 특히 다세대(빌라)주택이 이런 경우가 상당히 많다. 공부상은 '나동 201호'인데 현황은 '가동 202호'로 동, 호수가 아예 다른 경우도 있다. 또 경매 대상 물건이 공부상 201호인데 현황상 현관문에는 202호로 표기되어 있어 202호 소유자가 201호가 당연히 자기 소유인 줄 알고 거주하다 경매로 인해 쫓겨나야 하는 사례도 있다. 그런 공부상의 물건표시와 현황이 다른 물건이 많다는 것을 유념해야 한다. 이런 경우에 대법원은 '공부상의 물건을 기준으로 한다(대법원 2015.03.26.선고 2014다13082)'라고 판결했다.

이와 같이 공부상의 표기와 실제 현황과 다른 물건이 많다는 것을 항시 염두에 두고, 혹여 이러한 물건들에 관심을 가지고 입찰에 참여할 계획이라면 물건의 검증은 물론 낙찰 후의 처리 문제까지도 최종확인서를 작성하면서 세심하게 챙겨야 한다.

적정 입찰금액 산출로 고액입찰을 방지하는 역할

입찰대상 물건과 유사한 물건의 최근 낙찰가, 현장조사 시 공인중개사사무소에서 얻은 거래사례가격, 정보제공사의 시세정보를 종합적으로 비교해서 적정가격을 산정할 수 있다. 이후 본인이 생각하는 예상 입찰가와 비교분석해서 자신만의 가격을 산출해내는 데 도움을 준다. 최종확인서는 이처럼 무리한 고가입찰을 예방하는 역할을 한다.

무리한 입찰가격이란 객관적인 가격이 아닌 주관적인 가격을 말한다. 개별 부동산에 대해서 입찰자 본인이 물건에 대해 최종평가 후 후회하지 않을 수 있다면 적정한 입찰가격이라고 할 수 있다. 그렇지 않고 후회하게 된다면 무리한 입찰가격이다.

투자 자금의 확보 방안의 역할

자금계획이야말로 빼놓을 수 없는 중요한 일이다. 입찰대상 물건에 대한 예상입찰가와 부대비용 등 총투자 예상금을 산출하고 그에 따른 투자 자금에 대해 보유자금과 대출금에 의한 자금 확보방안을 최종확인하고 점검하는 역할을 한다.

특히 자금계획에 있어 대출이자보다 더 높은 임대수익률이나 자기자본 투자 비율보다 높은 수익률이 발생하는 지렛대 효과(Leverage Effect)를 기대하며 무리하게 많은 대출을 받는 것은 유의해야 한다. 이 부분을 최종확인서를 작성하며 꼼꼼하게 점검해야 한다.

취득목적에 따른 수익성 검토의 역할

경매 물건의 감정평가는 인근 지역의 거래사례나 수익환원법과 원가방식에 의한 수학 공식적 평가 기준으로 산출한 금액으로 미래가치 등은 반영되지 않은 금액이다. 감정평가의 시점은 매각기일예정일보다 최소 6개월 전에 평가한 금액으로 매각 시점의 시세와는 상당한 차이가 발생하기도 한다.

따라서 최종확인서를 작성하면서 해당 물건의 향후 효용가치의 증대나 가치를 상승시키는 요인, 즉 개발호재나 상권의 변화, 건물의 용도변경 또는 공급부족 등으로 인한 미래의 투자 수익을 상승시킬 수 있는 요인 등을 점검하게 되고 그에 따른 입찰가를 산정하는 융통성을 반영하는 역할을 하게 된다.

04 최종확인서의 작성 내용은?

최종확인서의 작성은 일기 쓰듯, 수필 쓰듯, 별도의 파일에 기록을 하든, 간단하게 메모로 하든, 본인만의 형식이나 취향대로 작성하면 된다 했다. 형식이 어떠하든 그 내용이 중요하다. 공통적으로 기록되는 입찰대상 물건의 기본적 내용과 공부상의 기록과 현황과의 차이점 등을 특별히 점검하고 확인된 내용을 구체적으로 기록을 해야 하는데 그 내용을 살펴보기로 하자.

물건의 경매 절차 정보와 기본내역

경매 물건의 집행법원, 사건번호, 경매 기일, 유찰 횟수, 배당요구종기, 최저매각가격, 입찰보증금액 10%(재매각 시는 법원에 따라, 최저매각가의 20~30%) 등 비슷한 내용끼리 모아서 알기 쉽게 정리한다. 본인이 특별히 체크하고 싶은 내용도 함께 기록한다.

경매 물건의 소재지, 면적, 용도, 물건의 사진정보 등 기본현황과 대상 물건의 입지적인 특성, 상권의 특성, 교통, 환경, 의료시설, 편의시설 등과 향후 발전전망 등 종목에 따른 조사내용을 기재한다. 기록자가 분석한 의견도 함께 기록하면 좋다.

이와 같은 기본적 내용 외에 법원 경매 정보에서 확인할 수 없는 건물의 하자 정도나 건물의 관리상태도 적는다. 또 불법건축물이 있다면 그 소유자나 권리관계나 처리문제 등과 인수여부 등에 대해서도 자세히 기록한다. 앞서 설명한 것과 같이 건물이나 토지 등 어느 종목이든 공부상의 내용과 현황이 다른 내용을 확인하고 점검했다면 반드시 기재한다. 그에 따른 득과 실에 대한 분석도 기록해두면 좋다.

그리고 권리분석 과정에서 발급받아 확인했던 등기부등본, 토지이용계획확인원, 건축물관리대장, 토지대장 등 각종 공부상 서류가 있다면 최종확인서 작성 시에 참고서류로 활용한다. 공부상 서류는 정보지와 함께 자료로 보관한다. 물건에 대한 기본내역은 경매 정보지를 참고로 기록한다. 정보지를 복사해서 첨부하고 현장답사를 통해 확인한 특이사항은 빠짐없이 기록하는 것이 좋다.

권리관계 및 임대차내용 최종확인

최종확인서를 작성하기 전까지 입찰대상 물건에 대해 분석을 했을 것이다. 하지만 입찰참여를 전제로 최종확인서를 작성할 때는 더욱 세밀하고 정확하게 확인하고 점검해야 한다.

(1) 입찰 전에 등기사항전부증명서를 열람해서 말소기준권리를 기준으로 선순위권리가 있는지 여부를 다시 확인한다. 후순위 권리 중 소멸되지 않는 권리(건물철거 및 토지인도청구 가처분)가 있는지 다시 확인하고 기록한다. 입찰 전에 등기부등본열람은 일반매매에 있어 계약 전 필수로 확인하는 것과 같은 절차다.

(2) 낙찰 후에 위험을 줄 수 있는 유치권, 대위변제, 법정지상권, 채권이 없는 근저당, 분묘기지권 등이 있는지 확인한다. 낙찰 후에 분쟁이 발생할 가능성을 재확인하고 기록한다.

(3) 대항력이 있는 선순위 임차인이 배당요구종기까지 배당 요구를 했는지와 철회했는지 세밀하게 체크한다. 배당금을 전액 다 받는지, 미배당금이 발생하는지를 확인한다. 후순위 임차인들의 배당 여부도 확인한다.

(4) '전입세대미상'으로 현황보고서에 기재돼 있지만, 배당요구는 물론 권리신고도 없는, 전입일자가 말소기준권리보다 빠른 대항력 있는 임차인에 대해서 확인한다. 소유자의 가족이나 친인척, 직장동료 등이 위장한 것은 아닌지 다시 한번 분석하고 기록한다.

(5) 선순위 전세권자와 임차권자가 있을 시 배당 여부를 반드시 확인하고 점검한다.

(6) 토지든 건물이든 종목에 따른 권리분석상에 주요 확인사항과 현장답사 시에 확인된 사항과 다른 점이 있으면 빠짐없이 기록한다. 점검을 마친 후 입찰 여부를 판단한다.

05 적정입찰가 산정은 내 뜻대로!

최종확인서를 작성하는 궁극적 목적은 낙찰가능성이 있는 적정입찰가를 결정하는 일이다. 지금까지 물건을 선정하고, 분석하며, 권리분석을 하고, 현장답사 하는 등 많은 시간과 노력을 들였을 터다. 이런 모든 결과를 종합적으로 점검하고 취득목적에 따라 선정한 물건을 낙찰받기 위해 최종확인하는 일이야말로 권리분석의 하이라이트다. 가상 어려운 부분이기도 하다. 도대체 입찰자가 몇 명이나 될 것이며, 입찰가를 얼마를 써야 낙찰받을 수 있는 건지 알 수 없는 노릇이다.

거주목적으로 아파트를 구입하려 한다면 얼마를 써야 할까? 인근지역 또는 동일 아파트의 실거래 시세와 최근 낙찰가율의 통계를 기준으로 삼아 결정할 것인가? 인근 지역의 교통 망 등 환경의 변화나 주택정책의 변동으로 인해 전월세 등 임 대가격의 상승으로 상당한 수익성이 있을 것으로 예상도 되고, 가격상승도 기대가 된다. 이러한 분석이 되는 물건인데 그런 기대가치를 차제 하고 거주하기 위해서 내가 꼭 필요하고 사 고 싶은 물건인데, 그런데도 평균 낙찰가율 근사치에서 치열 한 경쟁 속에서 행운을 바라고 투찰해야 하는지 아니면 과감하 게 투자를 해야 하는지?

거주목적은 아니더라도 교통망 또는 재개발이나 재건축 등 개발호재가 있는 지역에 향후 개발에 따른 기대이익을 바라 고 상가, 단독주택, 연립주택, 아파트 등 입찰에 참가한다면 얼 마를 써야 할까?

임야, 전, 답, 과수원, 잡종지 등 토지를 개발목적보다는 향후 의 가치상승에 의한 기대수익을 바라고 투자용으로 구입하는 것이라면 적정입찰가는 얼마를 써야 할까?

임야나 농지를 전용해서 전원주택이나 특정목적에 따른 개 발을 목적으로 구입할 계획일 경우 얼마를 써야 하는 것일까?

투자용이 아니더라도 경제활동을 하기 위한 목적으로 상 가나 공장 등을 구입한다면 도대체 얼마를 써야 하는 것일까?

상가점포나 오피스텔, 지식산업센터, 원룸주택 등 월 임대 수입이 발생하는 수익형 부동산 투자 시에는 과연 임대수익률은 몇 %로 계산해야 하며 그에 따른 적정 입찰가를 얼마를 써야 할까?

얼마를 써야 할지 결정하기가 어렵다. 경매에 있어서 가장 어려운 일은 바로 낙찰예상가를 정하는 일이라고 해도 지나친 말이 아니다.

일반적으로 입찰자들은 입찰가를 감정가액이나 인근지역의 최근 낙찰가, KB부동산 등 정보업체에서 제공하는 시세, 또는 인근 공인중개사사무소에서 제공한 매매나 임대가의 실거래 시세, 사설정보업체에서 제공하는 적정낙찰가 등을 기준으로 산정한다.

그렇다. 맞다. 그렇게 산정하는 것이 입찰가격 산정하는 첫 번째의 기준이다. 이러한 객관적인 평가에 의한 입찰가 산정은 무시해서도 무시할 수도 없는 산정기준이다. 그러나 그러한 시세나 통계에 의한 낙찰가 산정은 누구나 흔하게 할 수 있는 것으로 난지 참고사항일 뿐이다. 입찰가 산정에 절대적 기준이라고 할 수 없다. 누구나 하는 그런 기준을 따라 하다 보면 허구한 날 패찰하게 될 것이다. 낙찰 확률이 그만큼 낮아진다는 것이다.

두 번째로 입찰가격 산정은 나만의 가격이다. 경매의 적정입찰가 산정은 일반적인 많은 사람이 공유하고 활용하는 낙찰 통계기준이나 일반 매매에서와 같이 지금 확인할 수 있는 현재의 가치만을 계산하는 수학적인 기준이 아니라, 그 기준을 포함한 여러 가지 요인에 의해 결정된다.

경매는 입찰자 개개인의 취득목적과 투자 종목의 개별성에 따른 기대수익이나, 예상수익률, 필요성 등 제각기 다른 성향을 가진 개별요인에 따라 물건을 판단하고 평가한다. 그래서 입찰가는 누구나 알 수 있는 객관적 평가 기준이 절대적 기준치가 아니라 주관적 기준에 의해 입찰자 본인이 정한 입찰가가 적정금액이라고 할 수 있다.

따라서 적정한 입찰가로 입찰에 참여했느냐 결정하는 기준은 전적으로 입찰자 본인의 몫이다. 그러나 분명한 것은 다시 말하지만 경매는 낙찰받기 위해 하는 것이다. 연습삼아 하거나, 공부하기 위해 하거나, 패찰을 전제로 입찰하지 않는다. 그런 생각으로 경매를 한다면 경매를 즐기며 할 수가 없다. 시간 낭비고 돈도 벌 수 없다.

06 입찰경쟁자를 파악해보자

호랑이 담배 피우던 시절 이야기

경매 법정에서 입찰예정자 수를 어느정도 알 수 있다면 입찰가를 쓸 때 상당한 도움이 될 것이다. 흔한 말로 거저먹을 수도 있고, 차순위와 금액 차이가 많지 않게 낙찰받을 수 있을 텐데 지금은 어려운 이야기다. 민사집행법이 시행되기 전에는 지금은 이해관계인이나 매각이 끝난 후 최고가 매수인이 볼 수 있는 유치권신고, 임대차계약서, 채권자신고서, 주민등록등초본, 각종 문건접수/송달증명 등 중요기록이 담긴 **집행기록**을 경매 사건목록과 함께 매각기일 당일 경매 법정에 비치해서 열람하도록 했다. 입찰참여자들은 이 집행기록을 반드시 열람했는데 이 과정에서 경매 전문가들은 입찰예정자 수를 거의 알 수가 있었다.

입찰 전 반드시 확인해야 할 집행기록을 먼저 보기 위해 긴 줄을 서야 했다. 이 과정에 집행기록이 이리저리 옮겨 다니며 일부의 중요기록을 해당 물건의 입찰자예정자 누군가가 고의로 훼손하거나 뜯기도 하는 등 무척 혼란스럽고 일견 무질서한 분위기의 치열한 경매 법정이었다. 이렇게 치열한 과정에서 입찰 예정 부동산에 몇 사람이나 입찰하려 하는지 입찰예정자 수를 90% 이상 때로는 100% 알 수 있었다.

"이 물건 입찰자 몇 명이지?", "9~10명입니다", "그리 많아? 맹지지만 관습상 도로가 있어 건축허가 가능성이 있으니 몰리나 보네. 시세차익보다는 가치 투자로 적정금액을 잡아 입찰해 보자!" 예상대로 9명이 입찰에 참여했다.

또 다른 사례도 있다. 통상 특수물건으로 취급되는 주유소다. "입찰자가 몇 명이지?", "저희까지 2명이 예상됩니다", "그렇지. 경기도 안 좋고 위치도 좋은 편은 아니니. 적정금액은?", "예상 금액에서 1,000만 원 정도 더 쓰면 충분할 것 같은데, 고객님이 시간도 없고 꼭 잡아야 할 물건으로 그 금액은 불안하니 5,000만 원 정도 더 쓰자고 하는데 어떻게 할까요?", "그렇게 많이?"

"고객님! 저희 빼고 단 1~2명 정도가 입찰이 예상됩니다. 100% 장담은 할 수는 없으나 물건은 언제든지 또 나오고 하니 이 물건은 입찰자가 많지 않기 때문에 1,000만 원 정도 금액만 더 써도 낙찰 가능성이 있습니다"라고 했더니, "어떻게 장담을 해요, 떨어지면 책임질 거요?"라는 말이 돌아왔다.

예상대로 입찰자는 낙찰자를 포함 단 2명이었고, "말 들을 걸 공연히 비싸게 사서 속쓰리네" 하며 투덜거리던 그 고객 현재도 여전히 성업 중에 있다.

지금은 집행기록의 사전 열람이 없어져서 이 사례와 같이 입찰대상 물건의 집행기록을 확인하는 과정을 통해 입찰자 수를 확인하기가 불가능하다. 경매 법정에서 입찰예정자를 파악하던 이 방법은 이제는 호랑이 담배 피우던 시절 이야기에 불과하다. 그렇다고 포기해서는 안 된다. 그 방법이 아니더라도 법정에서 입찰자를 파악할 수 있는 방법을 찾아 활용해야 한다.

입찰예정자 파악해보기

최종보고서를 작성하며 개별 부동산에 대한 적정입찰가를

산정하고 경매 법정에 들어섰다. 법정에는 나와 같은 목적의 입찰자와 목적이 다른 유형의 입찰자와 동행자, 실습 학생이나 학원생, 컨설턴트들, 대출 딜러들, 정보기록자, 채권자, 채무자 등 다양한 부류의 사람들로 붐빈다.

이렇게 많은 사람들 중에 실제 입찰에 참여할 사람들을 가려 내는 일은 어렵다. 특히나 내가 입찰할 물건에 어떤 유형의 입찰자들이 참여하는지 여부와 참여자의 수를 안다는 것은 개찰 후에나 알 수 있는 일로 사전에 안다는 것은 쉽지 않다.

그러나 어떤 종목, 어떤 물건이든 입찰표에 입찰가격 기재 하기 전 법정에서 입찰예정자 수를 어림짐작이라도 해봐야 한 다. 이미 최종보고서 작성과정에 입찰가를 산정했다 하더라도 입찰예정자 수를 예상해보는 일은 중요하다. 권리분석을 열심 히 치열하게 하는 이유는 낙찰받기 위해서다. 그런데 정작 낙 찰받으러 와서는 어렵다고, 귀찮다고, 모른다고, 확률이 적다 고 권리분석의 과정이라고 할 수 있는 입찰예정자 수 파악을 아예 시도조차 하지 않아서는 안 된다. 입찰표에 입찰예정액 을 작성하는 일은 권리분석의 종착역이다. 절대 포기해서는 안 되는 일이다.

물론 법정에 오기 전 객관적 기준에 의하든 주관적이든 입찰가를 정해 개찰과 동시에 투찰하는 입찰자들이 대부분이다. "남들도 그리하는데 머리 아프게 무슨 분위기 파악하고 자시고 해, 확실히 알 수도 없는데." 그렇다. 맞는 말이다. 알 수가 없다. 그러나 경매는 왜 하는가? 낙찰받기 위해서 하고 이왕이면 다 홍치마라고 가능하면 싸게 사서 경매의 궁극적 목표인 돈도 벌고 때로는 필요한 물건 취득 하고자 하는 일인데 마지막까지도 할 수 있는 것은 해보자는 것이다.

단독입찰인데 황당하게 높게 입찰한다든지 차순위와의 금액 차이가 너무 크다든지 하는 일은 경매 시장에서 비일비재하게 일어나고 누구나 언제든지 당할 수 있는 일이다. 낙찰을 받아도 뒤끝이 개운치 않은 이런 일을 당하지 않기 위해 마지막까지 애써야 한다. 이 일이야말로 권리분석의 하이라이트라고 할 수 있는데 불가능하다고 판단하고 소홀히 할 수 없지 않은가!
법정은 정숙하면서도 은근한 긴장감이 감돈다. 물론 법정이기 때문에 정숙해야하고 잡담 등을 할 수 없지만, 그런 이면에 입찰자들이나 관련자들은 입찰대상 물건의 예상입찰자 수를 최대한 어림해보기 위해 내심 분주하다. 내가 귀찮아서 머리 아프다고 확률이 낮다고 등한시 해도 나의 경쟁자들은 매의 눈으로 열심히 파악하고 있다는 사실 염두에 두어야 한다.

경매 개시가 선언되면 열람대에 경매 사건목록을 비치하거나, PC를 통해 최종적으로 검색을 하도록 한다. 여기를 눈여겨보자. 인터넷사이트에 이미 공개가 되고 분석이 끝난 상태이기 때문에 법원에 와서 굳이 검색을 안 해도 권리 사항에 변동이 없다. 그래도 검색하는 입찰자들이 있다. 내가 입찰할 물건을 검색하는 사람이 있는지 주시해라. 다른 사람들이 눈여겨보든 말든 그건 중요하지 않다. 나는 확인하면 된다.

이러한 분위기를 통해 필자는 [자료 2-4] 물건에서 입찰예정자 수가 최소 10명 이상이라는 것을 파악할 수 있었다. 물건의 특성상 상당히 높은 가격에 낙찰될 것이라는 판단을 했다. 객관적 평가보다 높은 가격을 산정하고 법정에 왔지만, 법정에서 가격을 수정 감정가 근처로 입찰했다.

[자료 2-4]에서 보는 것와 같이 감정가 7,000만 원에 응찰자가 39명이었다. 최고가가 감정가의 133%인 9,310만 원에 낙찰된 물건이다. 필자도 실질 입찰에 참여해본 결과 차순위자들도 감정가이자 실거래가 보다 높은 가격에 써낸 사람들이 많았다. 하지만 최고가매수인과 거의 30% 이상 차이가 났다. 일반적 상식으로 볼 때 참으로 어이없는 낙찰가다.

"이렇게 실거래보다 훨씬 비싸게 살 거면 뭐하러 경매를 해?" 높은 낙찰가에 대한 강한 의구심과 놀라움 그리고 낙찰자에 대한 부러움 등 희비가 교차하는 경매 현장이다. 그러나 이런 현상이 얼마든지 일어나고 반복되고 있는 것이 경매 시장이라는 것을 알아야 한다.

[자료 2-4] 사례 물건

❯ 감정평가서 요약/진행결과/임차관계/등기권리　　　　　　　　　감정평가서 보기 GO

소재지/감정서	면적(단위:㎡)	진행결과	임차관계/관리비	등기권리
(22182) [목록1] 인천 미추홀구 용현동 4███3 맨션 비동 3층 30 3호 [비룡길42번길 31] 지도 등기 토지이용 [구분건물] · 본건은 인천광역시 미추홀구 용현동 소재 인천보훈병원 남측 인근에 위치합니다. · 본건까지 차량출입이 가능하며, 인근으로는 버스정류장 등이 소재하여 제반 교통상황은 보통시 됩니다. · 철근콘크리트구조 스라브지붕 3층 건 내 제3층 제303호로서(사용승인일 : 1996.04.2 5)외 벽 : 타일 붙임 및 적벽돌 쌓기 마감 등 창 호 : 샤시창호 마감 되어 있습니다.	감정 70,000,000 100% 70,000,000 유찰 2020.10.07 70% 49,000,000 유찰 2020.11.11 49% 34,300,000 변경 2020.12.16 49% 34,300,000 낙찰 2021.02.02 93,100,000 (133.00%) 응찰 39명 2위 응찰가 80,210,007 허가 2021.02.09 대지 · 202/286㎡ (6.12평) 건물 · 36.61㎡ (11.07평) 총 4층 중 3층 보존등기 1996.06.27 토지감정 30,100,000 평당가격 4,918,310 건물감정 39,900,000 평당가격 3,604,340 감정기관 경일감정	▶ 법원임차조사 정██ 전입 2016.09.13 확정 2016.09.13 배당 2020.05.26 보증 2000만원 점유 전부주거 (점유:2016.05.30.~현재까지) *총보증금:20,000,000 임대수익률계산 ▶ 전입세대 직접열람 GO 정██ 2016.09.13 열람일 2020.09.23 ▶ 관할주민센터 미추홀구 용현3동	*집합건물등기 소유권 임██자 이 전 2016.05.25 70,000,000 전소유자: 김██혜 매매(2016.05.10) 근저당 인천축협 (가정지점) 2016.05.25 58,800,000 [말소기준권리] 임 의 인천축협 (가정지점) 2020.03.12 (2020타경6██) 청구액 50,039,785원

❯ 인근낙찰통계
(인천 미추홀구 용현동에 소재한 다세대)　　　동일번지낙찰 보기 GO / 동일지역낙찰 보기 GO / 낙찰물건(통계) 보기 GO

낙찰정보		통계		
검색기간	2020.02.16 ~ 2021.02.15 (1년)	총낙찰가율(월평균변화율)		63.44%(+ 4.58%)
낙찰건수	62건	평균	낙찰가율(월평균변화율)	63.20%(+ 5.60%)
입찰자수	311명		표준편차	±16.29%
평균경쟁률	5.0 대 1		사분위수(±25%)	최대 70.50% / 최소 53.50%

8. 거래사례비교법에 의한 시산가액

명칭 동/층/호	전유면적 (㎡)	결정단가 (원/㎡)	산출가액 (원)	시산가액 (원)
███맨션 B/3/303	36.61	1,910,000	69,925,100	70,000,000
합 계	36.61	-	-	70,000,000

❯ 국토교통부 다세대 실거래가 new - 인천 미추홀구 용현동 4███3 맨션 비 더보기▼

매매(만원)				전월세(만원)			
계약일	면적	층수	거래금액	계약일	면적	층수	전월세금액
2020.12.21~31	42.67㎡	4층	7,000만원	2021.01.21~31	42.67㎡	4층	3,000만원
2020.09.21~30	50.13㎡	2층	7,500만원	2020.12.21~31	42.67㎡	2층	2,500만원
2019.05.21~31	50.13㎡	3층	9,500만원	2019.07.21~31	50.13㎡	3층	2,500만원

'구슬도 꿰어야 보배'라는 속담이 있다. 경매는 낙찰받기 위해 한다. 싸게 사는 맛에 경매를 한다는 보편적 논리와 그런 고정관념은 실제 낙찰가와는 거리가 있다. 부동산 시장의 흐름이나 목적 부동산의 개별적 특성과 예상경쟁률은 고려하지 않고 실거래가와의 차액실현만을 위한 입찰을 한다면 패찰이 반복된다. 지나치게 객관적 기준틀의 가격에 얽매이거나 현상의 수학적 계산에 의한 수익률에 얽매여 적어도 몇 %는 되어야 한다는 보수적 경향으로 입찰을 해서는 낙찰받기가 어렵다는 말이다.

패찰이 많다 보면 경매를 포기할 가능성이 많다는 걸 염두에 두고 앞에서 설명한것와 같이 입찰가는 어느 지역에 어떤 종목에 무슨 목적으로 투자를 하느냐에 따라 입찰가에 대한 유연성을 가지고 참여해야 한다. 개별 부동산에 대한 자신만의 입찰 전략을 가져야 한다. 따라서 법정에서의 예상입찰자를 파악하되 때로는 차순위와의 차이가 있다손치더라도 필요한 물건이라면 과감한 입찰이 필요하다.

입찰예정자를 확인하는 또 다른 방법은 최종확인서를 작성할 때 당일 진행 건수가 총 몇 건인지, 그중에 입지나 가격 및 개발호재 측면에서 입찰자가 많이 몰리는 우량 물건이 어느 정도 있는지, 어떤 종목의 진행이 많은지, 신규와 유찰 물건의 정도는 어떤지 등을 파악하는 것이다. 이 모두가 예상경쟁률을 파악하는 데 도움을 주는 사항들이다.

그리고 그 속에서 내가 입찰할 물건이 어느 유형에 속하는지를 비교해보자. 입찰예정자 수를 유추해서 파악하고 입찰가를 정해보는 것이다.

귀찮다고, 어렵다고, 굳이 그럴 필요가 없다고 생각한다면 그냥 입찰할 수는 있다. 그러나 최대한 싸게 낙찰받는 게 목표라면 이 정도는 해야 한다. 그것도 2등과의 금액 차이가 근소한 차이라면. 아니면 꼭 필요한 물건을 낙찰받기 위해서라면 말이다.

이러한 노력도 없이 단순히 예상경쟁자가 많을 줄 알고 입찰가를 높게 써 낙찰 받았는데 단독입찰이거나 2등과 많은 차이로 낙찰을 받으면 어쩌하겠는가! 앞의 주유소 사례에서도 설명했듯이 낙찰받아도 낙찰의 기쁨보다도 속 쓰린 기분이 들어 금액의 차가 너무 큰 경우 낙찰을 포기하는 경우도 있을 성노다.

내 고객은 바로 나다. 나를 위해 내 돈, 내 재산과 관련해서 할 수 있는 일은 끝까지 해보길 권한다. 운칠기삼(運七技三)이란 말이 있다. 그러나 낙찰은 단순히 운만 가지고 논할 일이 아니다. 끝까지 권리분석을 하고 신중하게 투찰하는 사람들의 몫이다.

Part 03

준비가 끝났다, 가자! 법원으로!

01 경매는 어떻게 시작되나?

경매 절차는 채권자의 신청에 의해 민사집행법의 규정에 따라 법원에서 공정한 경쟁을 통해 진행된다. 다수의 매수 희망자가 신청을 하고 그중에 최고가격으로 신청을 한 사람이 매수할 수 있다. 경매는 이것을 결정하는 과정으로, '강제경매'와 '담보권 실행 등을 위한 경매', 두 가지의 방법으로 시작된다.

'강제경매'란 집행력 있는 권원을 가진 채권자의 신청으로 민사집행법 절차에 따라 법원이 강제 매각하는 제도를 말한다. 집행력 있는 권원의 종류로는 확정된 이행판결, 약속어음공증증서, 확정된 지급명령, 화해조서, 조정조서 등 확정판결과 같은 효력이 있는 조서 등이 있다.

'담보권 실행 등을 위한 경매'란 채무자가 채무를 이행하지 않았을 때 근저당권, 전세권, 가등기담보권, 질권, 유치권 등 담보권자가 우선변제를 얻기 위해 법원에 경매를 신청하는 것으로 통상 '임의경매'라고 한다.

강제경매든 임의경매든 채권의 형태에 따라 구분될 뿐 입찰자 입장에서는 물건분석이나 권리분석에 차이를 두고 분석해야 할 의미도 없고, 법원도 별다른 차이 없이 절차에 따라 경매를 진행한다.

한눈에 보는 경매의 진행절차

입찰참여 전에 경매 물건이 법원에서 어떤 과정을 거쳐 경매시장에 나오는지 간단하게 알아보고 가자.

경매 신청에서부터 채권자들에게 배당이 되고 경매가 종결될 때까지의 절차다. 채권자의 경매 신청 후 일반인들이 확인할 수 있는 경매 물건 정보는 보통 매각기일 2주 전부터 일간신문에 경매 물건 공고를 하는 것으로 시작된다. 대법원 경매사이트나 민간 경매 정보사이트에서도 검색을 할 수 있다. 현

경매 진행 절차

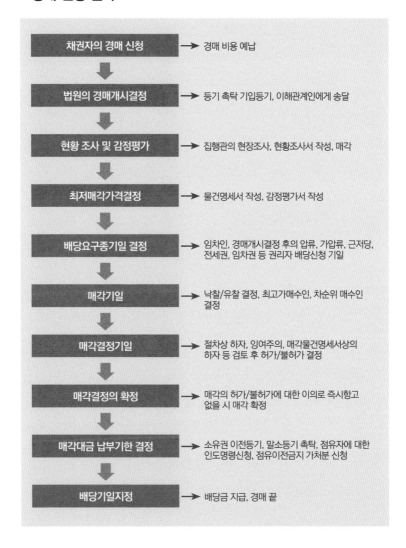

채권자의 경매 신청	→ 경매 비용 예납
법원의 경매개시결정	→ 등기 촉탁 기입등기, 이해관계인에게 송달
현황 조사 및 감정평가	→ 집행관의 현장조사, 현황조사서 작성, 매각
최저매각가격결정	→ 물건명세서 작성, 감정평가서 작성
배당요구종기일 결정	→ 임차인, 경매개시결정 후의 압류, 가압류, 근저당, 전세권, 임차권 등 권리자 배당신청 기일
매각기일	→ 낙찰/유찰 결정, 최고가매수인, 차순위 매수인 결정
매각결정기일	→ 절차상 하자, 잉여주의, 매각물건명세서상의 하자 등 검토 후 허가/불허가 결정
매각결정의 확정	→ 매각의 허가/불허가에 대한 이의로 즉시항고 없을 시 매각 확정
매각대금 납부기한 결정	→ 소유권 이전등기, 말소등기 촉탁, 점유자에 대한 인도명령신청, 점유이전금지 가처분 신청
배당기일지정	→ 배당금 지급, 경매 끝

황보고서, 매각물건명세서, 감정평가서 등 경매 사건목록은 매각기일 7일 전 해당 경매계에 비치된다. 법원 방문 시 열람이 가능하다.

이와 같은 절차에 따라 입찰자는 매각기일에 입찰을 한다. 낙찰되면 7일 후에 낙찰 결정을 받는다. 이해관계인의 이의신청이 없으면 결정을 받은 7일 후에 낙찰결정에 대한 확정을 받는다. 확정을 받은 날로부터 1개월 내에 잔금 납부기한을 통지받는다.

채무자 입장에서는 잔금 납부기한 내에 경매를 취소할 수 있는 시간이 있다. 낙찰자 입장에서는 기한 내에 잔금이 준비되는 아무 날에나 납부를 하면 소유권을 취득하게 된다. 만일 잔금준비가 늦어 기한 내에 납부를 하지 못했어도 재매각기일 3일 내에 연체이자 20%를 포함해서 납부하면 된다.

통상 채권자 입장에서 경매 신청에서 완결까지의 소요기간은 종목이나 유찰횟수에 따라 또는 이해관계인의 이의신청이나 항고 여부에 따라 약간의 차이는 있지만 통상적으로 8~12개월의 시간이면 완료된다.

그러나 낙찰자 입장에서는 매각기일에서 잔금기한까지 약

1.5개월 정도가 소요되고, 주택일 경우 인도명령 예상소요기간을 2개월 정도로 잡아도 3~4개월이면 소유권을 완전히 취득하게 된다. 잔금납입기한을 통지받고 즉시 납입하고 잔금납입 전 명도협의가 완료된 경우에는 낙찰받고 거의 1개월 정도만에 주택을 인도받기도 한다.

02 입찰 절차를 살펴보자

법원의 경매 시장은 매번 같은 일이 반복된다. 각급 경매 법원의 경매계마다 매각기일이 정해져 있다. 정해진 입찰절차에 따라 시작부터 마무리까지 집행관의 엄숙하고 노련한 진행으로 질서정연하게 끝난다.

[자료 3-1] 대법원 경매 사이트의 기일별 검색 예시

기일별검색

부동산	동산

▶ 입찰방법 ⦿기일입찰 ○기간입찰 ▶ 법원 서울중앙지방법원▾ ● 검색

● 매각 일정

매각기일	담당계
2020.06.24	경매 4계
2020.06.17	경매 10계
2020.06.16	경매 1계
2020.06.11	경매 7계

입찰자들은 그동안 많은 노력을 들여 분석하고 결정한 물건을 낙찰받기 위해 정해진 매각기일에 법원으로 모여든다. 자주 가는 법원은 집행관도 사무보조원도 낯익어 서로 안부도 묻고 정보를 교환하기도 한다. 하지만 한편으로는 참가자 서로 성향을 분석하고 물건에 따른 입찰자의 유형을 탐색하느라 긴장감이 돌기도 한다. 그렇게 서로가 서로에게 주는 은근한 긴장감 속에 입찰은 개시된다.

집행관의 경매 개시선언에 의한 입찰 개시

경매 당일 경매 법정의 단상에서 경매를 진행하는 사람을 집행관이라고 한다. 집행관은 법정 내의 질서를 유지하고 당일 출석한 이해관계인이나 다수의 입찰자 등에 대해서 법 절차에 따라 매각을 개시한다는 취지의 설명과 함께 경매 개시선언을 한다. 개시선언과 동시에 매각물건명세서, 현황조사서, 감정평가서 등 경매 사건목록과 입찰표 등 입찰서류를 비치한다. 경매 사건목록 비치를 생략하고 PC를 통해 검색하게 하기도 한다.

집행관이 고지하는 주요 내용

경매가 진행되는 전국 53개 경매 법정 대부분이 오전 10시에 개정한다. 입찰 법정은 개정 후 약 10여 분간 고지사항을 전달한다. 입찰사항, 입찰방법, 주의사항 등을 알리고, 입찰물건에 대한 특별매각조건이 있으면 자세히 설명한다. 또한 입찰물건의 취소, 연기, 중단, 변경 등의 물건에 대해 고지를 한다. 아울러 입찰 마감시간과 개찰시간을 고지를 하고 10시 20분경부터 입찰 개시 알림을 한 후 입찰이 시작된다. 이후 약 1시간 정도의 입찰시간이 부여된다. 입찰시간이 충분한 것 같지만 법정분위기에 따라 최종입찰금액을 조정도 해야 하고, 실수 없이 입찰표를 작성해야 하는 등 긴장되고 집중해야 하는 중요한 시간이다.

입찰마감과 발표

고지된 입찰 마감시간 1시간이 지나면 입찰 마감을 울리는 종이 울린다. 집행관은 마감을 선언한 후 입찰을 마감한다. 이어서 입찰함의 입찰봉투를 개봉해서 분류하고 정리가 되면 곧바로 개찰을 시작한다.

개찰에 앞서 당일 진행 경매 중 입찰자가 단 1명도 없어 유찰된 물건의 사건번호를 불러준다. 개찰 순서는 사건번호 순으로 한다. 법정 내의 질서유지 차원에서 입찰자가 많은 물건이 있을 시 먼저 해주는 법원도 있다. 개찰 후 마감까지는 대략 1시간 정도가 소요된다. 소요시간은 당일 입찰된 물건이나 입찰수의 많고 적음에 따라 다소 차이가 있다.

최고가 매수신고인의 발표

개찰결과 입찰표 작성이나 입찰보증금에 이상이 없고 가장 높은 가격으로 입찰한 사람이 최고가매수신고인으로 결정된다. 집행관은 해당 사건번호를 불러주고 입찰한 사람들을 호명한 후 가장 높은 가격에 입찰한 입찰자를 최고가 매수신고인으로 발표를 한다.

"2021타경○○○○호의 최고기 매수신고인은 10억 1천만 원에 입찰한 김 아무개입니다. 호명된 분은 이쪽으로 오세요."

최고가매수신고인으로 호명되는 순간 낙찰자는 승리감에 기분이 좋기 보다는 예상치 못한 낙찰에 머리가 멍해지는 경우가 많다. 반면 패찰자들은 실망감과 허탈감 때로는 높은 가격에 입찰한 최고가매수신고인에 대한 의아심과 놀라움 등 다양한 감정이 교차하게 된다.

차순위 매수신고인의 신고

"차순위 매수신고인으로 신고하실 분 계십니까? 최고가 매수신고인이 결정되면 집행관이 해당 물건입찰자들에게 묻는다. 차순위 매수신고는 최고가 매수신고인의 입찰가격보다 낮은 금액에 입찰한 2등 순위의 입찰자가 신고하는 것이 아니다. 최고가매수액에서 보증금을 뺀 금액 이상으로 입찰한 사람이면 누구나 신청할 수 있는 제도다, 예를 들어 낙찰가액이 10억 1천만 원이고 입찰보증금이 9천만 원이면 보증금을 공제한 나머지 금액 9억 2천만 원 이상으로 쓴 입찰자들 중 누구나 해당이 된다. 그중에 1명만이 신고를 할 수 있는데 2명 이상이 신고를 하면 그중에 높은 가격의 입찰자가 차순위 신고자로 결정된다. 일단 차순위 신고자로 결정되면 입찰보증금은 최고가 매수신고인의 잔금 납입 시까지 법원에 보관된다. 잔금을 납입하면 환불받고, 미납 시는 차순위 신고자가 낙찰자가 되어 잔금을 납입하면 매수인이 된다.

매각기일의 종결

사건별로 최고가 매수신고인과 차순위 매수인신고가 있을 시 결정이 되면 성명과 가격을 확인 후 한 사건이 종결된다. 낙찰자와 차순위 신고자는 영수증을 받는다. 패찰자들은 입찰보증금을 반환받는다. 마지막 사건의 종결로 당일 집행된 매각의 절차가 종결된다.

03 입찰 무효가 되는 경우 알아보기

입찰자들은 입찰을 위해 여러 날 많은 시간을 투자해 경매 정보지와 각종 공부서류, 현장조사 등을 통해 물건조사와 권리분석을 한다. 마지막으로 수필 쓰듯 최종확인서까지도 작성해가며 준비를 마치고 법원을 찾는다. 그러나 법원에 오면 원하는 물건을 손쉽게 사는 것이 아니라 치열한 경쟁과 여러 가지 준비사항과 유의사항이 기다리고 있다.

법원에서의 입찰 과정은 짧은 시간이다. 그 시간에 그동안 투자한 많은 시간과 노력을 작은 실수 하나로 물거품으로 만들기도 한다. 입찰조차 못하거나, 입찰에 참여했어도 입찰이 무효가 되거나, 때로는 최고가 매수신고인으로 낙찰을 받고도 포기하고 입찰보증금을 잃어버리는 일이 종종 발생하는 만큼 주의를 해야 한다. 원하는 물건 낙찰받기 위해 여기까지 왔는데 작은 실수 하나로 이런 일이 생기면 얼마나 억울하고 허탈하겠는가? 어떻게 준비를 했는데 입찰 실수라니! 그런 일 없이 낙찰받기 위한 방법을 알아보자.

법원가기 전 챙겨야 할 것들

법원을 가기 전에 챙겨야 할 준비물은 뭐가 있을까? 서류 미비로 무효가 되는 경우가 많으니 꼼꼼히 챙겨야 한다. 본인이 직접 입찰할 경우 신분증, 도장, 매수신청보증금만 있으면 된다. 도장은 인감도장이나 막도장도 가능하다. 신분증은 주민등록증, 여권, 운전면허증 중 어느 것이라도 가능하다.

대리인인 경우에는 본인의 인감도장. 인감증명서, 본인의 인감날인 된 위임장, 대리인의 도장, 대리인의 신분증, 매수신청보증금이 필요하다. 무능력자를 대리할 경우 가족관계증명서, 주민등록증, 등초본이 필요하다.

법인인 경우에는 법인등기부등본, 대표이사신분증, 법인도장, 입찰보증금, 법인대리인인 경우에는 대리인의 도장, 신분증, 법인 날인된 위임장, 법인의 인감증명서와 법인도장, 법인

등기부등본, 입찰보증금을 갖춰야 한다.

2인 이상의 공동입찰일 경우에는 참석자 전원의 신분증과 도장, 매수신청보증금, 공동입찰신고서, 공동입찰자목록, 불참자가 있을 시는 불참자의 인감증명서와 인감도장, 인감 날인된 위임장이 필요하다. 이와 같은 준비서류 중 어느 하나라도 누락 시는 입찰이 무효가 된다.

입찰보증금 미달

입찰자에게 간간히 일어나는 실수다. 입찰보증금은 최저매각가의 10%, 재매각사건은 집행법원에 따라 20~30%를 준비해야 한다. 간혹 입찰보증금을 입찰보증금 봉투에 안 넣거나, 미달된 금액으로 낙찰을 받고도 무효가 되는 경우가 있어 이 부분도 소홀히 해서는 안 된다. 보증금이 더 많은 금액으로 입찰하는 것은 상관없으나 단 1원이라도 부족 시 최고가로 입찰했어도 무효가 된다.

통상 입찰보증금을 현금으로 준비하는 입찰자들에게 많이 발생하는 경우가 많다. 이러한 실수를 방지하기 위해 입찰 전날 또는 법원 내의 은행에 일찍 방문해 금액에 맞게 수표 한 장으로 준비하면 실수를 방지할 수가 있다.

매각이 진행되지 않는 사건에 대한 입찰

법원에 도착하면 제일 먼저 당일 경매 사건의 진행 또는 취하, 변경, 연기 등 사유를 알려주는 법정 입구 게시판을 살펴보고, 내가 입찰할 물건의 진행 여부를 확인해야 한다. 설령 법원 출발 전에 확인을 했어도 법원 도착 후에 재확인해야 한다.

이 같은 이유는 경매개시 전까지도 취하, 변경, 연기가 이해관계인에 의해 발생할 수 있기 때문이다. 당일 진행을 하지 않는데도 입찰을 해서 무효가 돼 개찰 전에 입찰보증금을 반환받는 일이 종종 발생한다. 부주의해서 생긴 실수는 시간낭비다.

입찰자격 미달자의 입찰

법원 입찰은 일반매매와 달리 누구나 입찰에 참여할 수 있는 것이 아니다. 입찰참여 가능한 자와 불가능한 자를 구분하고 있다.

참여가 가능한 사람들로는 해당 물건과 연관이 있는 채권자, 담보권자, 제3취득자, 채무자의 가족, 물상보증인(임의경매 시) 등과 일반인 누구나 가능하다. 입찰참여가 불가능한 자로는 채무자, 소유자(강제경매 시), 행위무능력자, 경매 법원의 법관, 직원, 집행관 및 그의 가족, 평가한 감정사 및 그 친족, 종전 경매의 매수인으로 잔금 미납자, 경매 관련 유죄판결 확정 후 2년 미경과자 등이 있다.

이렇듯 법원에 가기 전에 자신이 입찰자격이 있는지 여부를 챙기는 것이 먼저다. 이런 자격 미달자들이 낙찰받거나, 제 3자를 내세워 매수신고를 하면 이해관계인의 이의신청이나 법원 직권으로 무효처리 된다.

입찰표 작성 오류

입찰표의 사건번호를 잘못 기재하거나 한 사건번호에 물건이 여럿인데 물건번호를 잘못 기재하거나 누락할 경우 입찰은 어떻게 될까? 입찰표 작성 오류로 손해를 보는 경우도 종종 있다. 그나마 잘못된 사건번호나 물건번호는 입찰 무효처리로 입찰 봉투를 돌려받을 수 있다. 하지만 그 잘못 쓴 사건번호가 당일 입찰물건에 있고 행여 낙찰이라도 받으면 어떻게 될까? 또한 한 건의 사건번호에 물건번호가 여럿인데 물건번호를 잘못 표기해 엉뚱한 물건을 낙찰받게 되면 어쩌겠는가?

포기할 경우 입찰보증금을 반환받지 못하고 손해를 본다. 이런 실수는 절대로 하지 말아야 한다. 그리고 입찰표에 잘못 표기된 입찰자의 성명이나 주소, 입찰금액을 수정하는 등 입찰표에 어떤 칸에든 오기가 있으면 입찰표를 다시 교부받아 재작성해서 제출해야 한다.

특히 입찰가를 기재할 때는 신중하고 정확하게 기재해야 한다. 의외로 이 부분에서 실수가 많이 나온다. 절대로 실수해서는 안 된다. 입찰표의 오기를 수정해서 제출하면 무효가 된다. 하지만 금액에 대한 실수는 곧 패찰이거나 입찰보증금을 잃게 된다.

기일입찰표의 입찰가격란에 백억/ 십억/ 억/ 천만/ 백만/ 십만/ 만/ 천/ 백/ 십/ 일 등 단위별로 칸을 분리해서 실수를 막기 위해 한글로 표기까지 되어 있다. 그런데도 거짓말 같은 실수가 자주 나온다. 차가 막혀 법원에 늦게 도착했다든지, 은행에 사람이 너무 많아 입찰보증금 인출이 늦었다든지 등 시간적 여유가 없어 마음이 급할 때 실수가 생긴다. 경매 법정이 어수선하고 뭔가 집중이 안 될 때 이런 일이 자주 발생한다. 남의 일 같지만 그렇지 않다. 가격을 잘못 기재하는 경우뿐만 아니라 입찰가격과 보증금액을 혼동해서 기재하는 경우도 종종 발생한다.

정말 꼼꼼하게 보고, 또 보고, 또 보고 확인한 후 기재해야 할 중요한 부분이다.

[자료 3-2] 기일입찰표의 가격표시란

04 입찰표
작성하기

경매 법정의 집행관 앞에 입찰표, 매수신청보증금봉투, 입찰
봉투 등 기본서류가 준비되어 있다. 입찰표 수령 시는 입찰표
작성 시 오기로 인해 다시 작성할 것을 대비 1부씩 더 가져오
는 것이 좋다.

입찰표를 작성할 수 있는 기재대는 내개 법정 양쪽에 칸막이
가 쳐져 있다. 이곳에서 작성하면 된다. 그러나 법정 내에 사람
이 많고 기재대가 복잡하면 굳이 이곳에서 하지 않아도 된다.
법원 내부의 복도나 식당 등 조용한 곳을 찾아 차분하게 작성
하면 된다.

입찰표 작성의 핵심은 입찰가격을 얼마로 쓰느냐다. 그동안의 물건에 대한 분석과 권리분석을 토대로 최종확인을 하고 가격점검을 하며 그에 따른 적정입찰가격을 산정했다. 법정에서 예상 경쟁자나 유형까지도 파악해서 최종적으로 낙찰받고자 하는 입찰금액이 정해졌다. 이제 입찰표를 확실하게 실수 없이 기재하는 일만 남았다.

아무리 많은 시간과 노력을 들여 권리분석을 잘하고 여기까지 왔어도 법정에서 입찰표 작성의 사소한 실수로 원하는 물건을 낙찰받지 못하는 일이 비일비재하다. 입찰표 작성의 방법을 살펴보도록 하자.

[자료 3-3] 본인 기일입찰표 예시

주의사항

1. 입찰표는 물건마다 별도의 용지를 사용하십시오. 다만, 일괄입찰 시에는 1 매의 용지를 사용하십시오.

2. 한 사건에서 입찰물건이 여러 개 있고 그 물건들이 개별적으로 입찰에 부쳐 진 경우에는 사건번호 외에 물건번호를 기재하십시오.

3. 입찰자가 법인인 경우에는 본인의 성명란에 법인의 명칭과 대표자의 지위 성명을, 주민등록란에는 입찰자가 개인인 경우에는 주민등록번호를 법인인 경우에는 사업등록번호를 기재하고 대표자의 자격을 증명하는 서면(법인의 등기사항증명서)을 제출해야 합니다.

4. 주소는 주민등록상의 주소를, 법인은 등기부상의 본점 소재지를 기재하시 고, 신분 확인상 필요하오니 주민등록증을 꼭 지참하십시오.

5. 입찰가격은 수정할 수 없으므로, 수정을 요하는 때에는 새 용지를 사용하십 시오.

6. 대리인이 입찰하는 때에는 입찰자란에 본인과 대리인의 인적사항 및 본인 과의 관계 등을 모두 기재하는 외에 본인의 위임장(입찰 표 뒷면을 사용)과 인 감증명을 제출하십시오.

7. 위임장, 인감증명 및 자격증명서는 이 입찰표에 첨부하십시오.

8. 입찰함에 투입된 후에는 입찰표는 취소, 변경이나 교환이 불가능합니다.

9. 공동으로 입찰하는 경우에는 공동입찰신고서를 입찰 표와 함께 제출하되, 입찰표의 본인란에는 '별첨 공동입찰자 목록 기재와 같음'이라고 기재한 다 음, 입찰표와 공동입찰신고서 사이에는 공동 입찰자 전원이 간인하십시오.

10. 입찰자 본인 또는 대리인 누구나 보증을 반환받을 수 있습니다.

11. 보증의 제공방법(현금. 자기앞수표 또는 보증서) 중 하나를 선택하여 √표를 기재하십시오.

기일입찰표 작성방법

[자료 3-3]의 기일입찰 표는 본인 입찰 시의 기재 예시로 표에서 보듯 입찰표 작성은 그리 어렵지도 않고 간단하다. 하단의 주의사항을 살펴보면 입찰서 작성의 요령과 방법 준비서류도 자세히 나와 있다. 경매 초보자거나 기일입찰표 작성이 서툰 입찰자는 주의사항을 반드시 읽어보자. 읽어보고 그대로 따라 하면 실수가 없다. 그런데도 실수가 많이 나온다. 주요내용을 요약 점검을 해보도록 하자.

입찰표의 어느 칸, 어느 란이든 잘못 기재했을 시는 주말(朱抹)을 하지 말고 새 용지를 반드시 사용하자. 특히 가격란을 무심코 두 줄로 선을 긋고 다시 써서 제출하면 무효가 된다.

입찰 일자와 사건번호를 기재하고 여러 개의 물건번호가 있으면 입찰하고자 하는 물건의 개별번호를 반드시 기재한다. 물건마다 별도 입찰표를 작성해서 제출해야 한다. 물건번호를 기재하지 않으면 무효가 된다. 본인이 직접 입찰 시 본인란에 성명은 물론 빠짐없이 칸을 채우고 날인은 인감도장은 물론 막도장으로도 사용가능하다. 막도장마저 없을 시는 입찰자 본인의 날인 대신 무인도 가능하다. 이 경우에는 집행관의 입회하에 본인임을 확인하고 이를 증명하는 문구를 기재하고 무인 날인 한다(재판예규 제711호).

가장 많은 실수가 나오는 보증금액과 입찰가액의 란은 보다 더 신중하게 작성해야 한다. 자칫 입찰금액 10억 원에 아라비아숫자 '0'이 하나 더 붙어 100억 원이 되고, 1억 2,000만 원이 12억 원이 된다. '0'을 더 붙이는 실수로 입찰보증금을 포기해야 하는 사례가 간간이 일어난다. '아차' 하는 순간에 입찰보증금을 잃을 수 있다는 사실을 절대 잊지 말자. 또한 입찰가격과 입찰보증금란을 착각해 잘못 기재하는 경우도 있다. 이 또한 조심해야 한다. '보증을 반환받았습니다'란은 원칙적으로 낙찰이 안돼 보증금을 반환받을 시에 작성해야 한다. 그러나 실무상 사전에 기재 후 제출해도 된다.

(뒷면)

위 임 장

대리인	성 명	나도사	직업	전문가
	주민등록번호	180424-123456	전화번호	010-2434-2229
	주 소			서울특별시 서초구 서초대로 5번길

위 사람을 대리인으로 정하고 다음 사항을 위임함.

다 음

지방법원   타경   호 부동산

경매사건에 관한 입찰행위 일체

본인 1	성 명	안창호 (인)	직 업	투자가
	주민등록번호	-	전 화 번 호	
	주 소	서울특별시 서초구 서초대로 5번길		
본인 2	성 명	(인)	직 업	
	주민등록번호	-	전 화 번 호	
	주 소			
본인 3	성 명	(인)	직 업	
	주민등록번호	200101-1234567	전 화 번 호	010-1905-0000
	주 소			

* 본인의 인감 증명서 첨부
* 본인이 법인인 경우에는 주민등록번호란에 사업자등록번호를 기재

지방법원 귀중

대리로 입찰 시는 기일입찰표에 본인은 물론 대리인란에 인적사항을 기재하고 입찰표 뒷면이나 또는 별도로 준비된 위임

장을 작성해서 제출 한다.

공동입찰의 경우에는 입찰표와 함께 공동입찰신고서와 공동입찰자목록을 작성해서 같이 제출한다.

입찰표의 작성에 있어 다른 점은 입찰표 하단의 주의사항의 내용대로 본인란에 '별첨 공동입찰자 목록과 같음'이라고 기재하고 입찰표와 공동입찰신고서에 공동입찰 전원이 간인해서 제출해야 한다.

[자료 3-5] 기일입찰표 예시

(앞면) ✓ 기 일 입 찰 표			
지방법원 집행관 귀하		입찰기일 :2020년 06월 20일	
사 건 번 호	2020 타 경 12345 호	물 건 번 호	※물건번호가 여러개 있는 경우에는 꼭 기재
입 찰 자 / 본인	성 명	별첨 공동입찰자 목록과 같음 ㉑	전화 번호
	주민(사업자) 등록번호	법인등록 번 호	
	주 소		
입 찰 자 / 대리인	성 명	대리입찰 시에 기재 ㉑	본인과의 관 계
	주민등록 번 호	전화번호 –	
	주 소		

입찰 가격	천억	백억	십억	천만	백만	십만	만	천	백	십	일		보증 금액	백억	십억	억	천만	백만	십만	만	천	백	십	일	
			8	7	5	5	0	0	0	0	0	원					7	5	5	0	0	0	0	원

보증의 제공방법	☐ 현금·자기앞수표 ☐ 보증서	보증을 반환 받았습니다. 입찰자 ㉑

공동입찰자 중 참여하지 않는 입찰자가 있을 경우 참석자는 불참자의 위임장과 인감도장, 인감증명서, 신분증을 반드시 지참해야 한다. 참석자는 신분증과 도장만 있으면 된다.

공동입찰에서 중요한 점은 설령 부부지간이라도 입찰자 목록란에 지분을 표시해두는 것이 좋다.

만일 공동입찰자목록에 지분 표시가 없을 시는 법원에서 입찰자 인원수대로 균등하게 나누어 표시를 하기 때문에 지분의 많고 적음이 있을 시는 반드시 표시해둬야 한다.

공동입찰신고서

법원 집행관 귀하

사건번호 2021 타경 12345호
물건번호
공동입찰자 별지 목록과 같음

위 사건에 관하여 공동입찰을 신고합니다.

2021 . 12 . 20

신청인 나고수 외 1인(별지목록 기재와 같음)

※ 1. 공동입찰을 하는 때에는 입찰자의 지분을 분명하게 표시해야 합니다.
  2. 별지입찰자목록과 사이에 공동입찰자 전원이 간인하십시오.

공동입찰자목록

번호	성명	주소		지분
		주민등록번호	전화번호	
	(인)			
	(인)			
	(인)			
	(인)			
	(인)			
	(인)			
	(인)			

매수신청보증금 봉투 작성

입찰표 작성이 끝나면 봉투 앞면에 사건번호, 물건번호, 제출자의 성명, 본인 성명(대리인인 경우에는 대리인 성명)을 기재 후 날인한다. 뒷면 날인 표시된 곳에 날인 후 입찰표에 기재한 보증금액과 준비한 금액이 맞는지를 확인한다. 확인 후 최저매각금액의 10% 또는 재매각 시는 20~30%를 보증금 봉투에 넣으면 된다.

[자료 3-7] 매수신청보증금봉투 예시

입찰봉투를 작성하는 방법

입찰표와 매수신청보증금봉투의 기재가 끝나면 입찰봉투 앞면에 본인 또는 대리인 성명을 기재하고 날인 후 봉투 뒷면 접는 부분에 사건번호와 물건번호가 있을 시 물건번호를 기재하고 날인란이 있는 봉투라면 날인을 끝낸 후 대리입찰이라면 본인 인감이 날인된 위임장과 본인의 인감증명서, 공동입찰인 경우에는 입찰표와 공동입찰신고서, 공동입찰자목록, 법인입찰 시 법인등기부등본 등과 함께 입찰봉투에 넣고 봉한 후 집행관의 면전에서 입찰자용 수취증 절취선상에 날인을 받고 입찰자용 수취증을 따로 떼어주면 이 수취증을 보관하고 입찰봉투를 직접 입찰함에 투입한다.

입찰자용 수취증은 패찰 시 매수신청보증금을 반환받을 시 필요한 일종의 영수증으로 분실 시 자칫 매수신청보증금을 반환받지 못할 수도 있으니 잘 보관해야 한다.

[자료 3-8] 입찰봉투의 예시

(앞면)　(뒷면)

[자료 3-9] 입찰 3종 서류

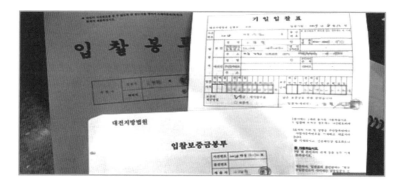

Part **04**

슬기로운
매각대금
납부 방법

01 낙찰 후의 권리분석

낙찰받기까지 신중하고 세밀한 권리분석을 한다. 그래도 낙찰을 받고 대금납부를 하지 않는 사례가 전체의 약 10% 내외로 추정되고 있다.

[자료 4-1]은 수원지방법원의 매각대금 미납으로 인한 재매각 물건이다. 낙찰자들이 적게는 수백만 원에서 수천만 원에 이르기까지 그 피 같은 돈 매수신청보증금을 몰수당하고 재매각(매수신청보증금 30%)으로 나온 물건들이다. 어떻게 이런 일이 끊임없이 발생하는 것일까? 그 이유는 낙찰자의 과실이거나 판단착오 때문으로 볼 수 있다.

[자료 4-1] 재매각 물건 예시

	사건번호▲	물건번호 용도	소재지 및 내역	비고	감정평가액▲ 최저매각가격▲ (단위:원)	담당계 매각기일▲ (입찰기간) 진행상태▲
	수원지방법원 **2019타경12▇▇**	1 연립주택 다세대 빌라	경기도 용인시 기흥구 공세동 476-13 7 2층2▇호 🏃 [집합건물 철근콘크리트구조 39.455 ㎡]	재매각임. 매수신청 보증금 30%.	117,000,000 81,900,000 (70%)	경매1계 🔍 2020.06.23 유찰 1회
	수원지방법원 **2019타경18▇▇**	1 아파트	경기도 용인시 처인구 이동읍 원천로 18, 7층7▇호 🏃 [집합건물 철근콘크리트구조 60.2749 ㎡]	재매각임. 매수신청 보증금 30%임.	226,000,000 110,740,000 (49%)	경매9계 🔍 2020.07.03 유찰 2회
	수원지방법원 **2019타경21▇▇**	1 임야	경기도 화성시 정남면 문학리 5▇▇7 🏃 [토지 임야 362㎡]	재매각임. 매수신청 보증금 30%임. 임지 상 자생하는 수목 포 함.	132,492,000 132,492,000 (100%)	경매9계 🔍 2020.07.03 신건

물건상세검색

▶ 검색조건 법원 : 수원지방법원 | 매각기일 : 2020.06.20 ~ 2020.07.04 | 재매각 [총 물건수 : 16건]

물건비교 관심물건등록 🖨 인쇄 < 이전

낙찰자가 눈물을 머금고 낙찰을 포기할 수밖에 없는 일은 다양한 사유로 끊임없이 발생한다. 권리분석 실수로 대항력 있는 임차인의 보증금 상당액을 떠안거나, 말소되지 않는 권리를 인수해야 하는 경우 낙찰을 포기하게 된다. 유치권 분석을 잘못해서 공사대금을 물어줘야 하거나, 지나치게 높은 가격에 낙찰을 받았을 때도, 입찰표 작성의 실수로 '0'을 하나 더 써내는 경우 등 이유는 여러 가지다.

이러한 손실을 미연에 방지하려면 돌다리도 두드리며 가자는 식으로 입찰 전에 권리분석을 세밀하게 해야 한다. 최종확인서도 작성하며 최종점검을 해서 입찰을 한다. 낙찰을 받고

나서도 행여 권리분석에 실수가 있지는 않았는지, 또는 낙찰 후에 발생한 권리가 있는지 등을 찾아봐야 한다. 낙찰 후의 권리분석도 매우 중요하고 반드시 해야 하는 이유다.

우선 낙찰자 신분으로 경매계를 방문한다. 매각기일 이전에 확인할 수 없었던 집행기록을 열람 신청해서 확인하기 위해서다. 경매 사건목록에서 확인할 수 없었던 유치권이나 법정지상권 등에 대한 권리신고가 있는지 등을 살펴봐야 한다. 등기부 등본도 다시 열람 신청해서 대위변제로 후순위 권리를 인수해야 하는 일이 발생했는지를 확인한다. 이렇게 낙찰 후에 생기는 위험부담에 대한 사항을 반드시 점검해야 한다.

만약 그러한 권리들이 경매 사건목록의 미기재로 확인을 할 수 없었거나, 낙찰 후 발생이 됐다면 어떻게 해야 할까? 그래도 매각잔금을 납부하는 것이 낫다고 판단해서 어쩔 수 없이 납부하는 경우도 있다. 하지만 그런 경우는 흔지 않다. 인수해서는 안 된다거나, 추가 부담이 많은 권리가 확인돼 매수를 포기해야 한다면 매각불허가신청을 해야 한다. 매각허가결정이 확정된 후 확인됐다면 취소신청이나 즉시항고를 통해 구제신청을 해야 한다(1권《알기 쉬운 기초 경매》'경매 함정' 부분 참조).

또한 해당 물건지에도 다시 답사를 해 낙찰 전에 미처 발견하지 못한 물건의 하자나 권리상의 문제가 있는지를 재확인한다. 만일 있다면 대금을 납부해야 하는지, 떠안고 가야 하는지 등을 심사숙고 한다. 잔금납부를 결정해야 하는 것이다.

낙찰자의 실수는 곧 재산상의 손실을 가져온다. 개찰결과 최고가매수신고인으로 선정돼 원하는 물건을 낙찰받았다면 더 큰 손실을 방지하기 위해서라도 입찰 전 권리분석상에 실수나, 낙찰 후에 발생한 권리가 있는지 등을 다시 권리분석하고 재점검해야 한다.

돈을 불리기 위해서, 필요한 물건을 취득하기 위해서 낙찰받은 것이다. 낙찰을 받았다 해서 온전하게 취득한 것은 아니다. 잔금납입을 해야 비로소 소유권을 취득하게 된다. 잔금납입 전까지는 권리분석을 멈추지 말아야 한다는 사실을 염두에 두고 경매에 임해야 한다.

02 잔금납부 요령

잔금납부에 무슨 요령이 필요할까? 낙찰 후 매각결정의 확정된 후 약 1개월 정도의 잔금납부 기한이 있다. 이 기한은 낙찰을 받는 것 못지않게 중요하고 바쁜 시간이다. 주어진 매각대금 납부기한 동안 매각대금을 납부를 해야 할지 고민한다. 납부를 한다면, 일찍 납부하는 것이 득이 될지, 기한까지 최대한 늦추며 납부 여부에 대한 득실 여부를 판단해보고 결정해야 할지를 가늠해보는 시간이다.

대금이 준비됐다 해서 빨리 납부하는 것이 능사가 아니다. 낙찰받은 물건을 권리분석해서 냉정하게 재평가하고 그 판단에 따라 결정해도 된다. 때로는 경매 취하 가능성도 검토해보고 다음에 납부해도 나쁘지 않다는 말이다.

잔금을 빨리 납부하는 것이 유리한 경우

잔금납부 기한이 정해지면 가급적 서둘러 잔금을 납부하는 것이 유리한 경우가 있다. 경매 신청 채권자의 채권청구액이 물건가액에 비해 비교적 소액인 물건은 서둘러 납부하는 것이 유리하다. 소유자나 채무자가 살고 있는 집, 개발 호재가 있어 지역에 전반적으로 가격이 오르고 있는 물건, 후순위 임차인이 거주하는 권리관계가 단순한 물건, 수익률이 높게 예상되는 물건 등도 잔금을 빨리 납부해야 한다. 이 물건들은 매각대금 납부 전에 소유자나 채무자 또는 이해관계인 등이 채권을 상환하고 취하될 가능성이 있으므로 납부기한이 정해지는 대로 바로 납부하는 것이 좋다. 쉽게 말해 소유권을 취득하는 데 걸림돌이 없는 물건을 말한다.

잔금 납부하는 것을 늦출 필요가 있는 경우

반면에 최대한 늦출 필요가 있는 물건들은 낙찰을 포기할 가능성을 배제할 수 없는 것들이다. 판단착오나 실수로 지나치게 높은 가격에 낙찰돼 잔금 마련이 어렵거나 금리부담이 상당한 경우가 여기에 해당한다. 권리분석의 실수로 인해 선순위 권리를 인수해야 하거나 추가부담액이 과한 경우도 잔금 납부를 늦출 필요가 있다. 최대한 잔금 납부를 미루고 구제방안이나 이해관계인의 경매 취하도 기대해보는 등 더 큰 손실을 막기 위한 고민을 위해 늦출 필요가 있다는 말이다.

03 매각대금의 납부기한, 방법, 절차

매각대금의 납부기한

최고가 매수신고인으로 선정된 후 7일 후 매각결정이 되고 다시 7일내에 이해관계인들의 항고가 없으면 매각결정이 확정된다. 그리고 그로부터 1달 이내의 잔금납부 기한이 정해진다. 관련 법 개정 전과 달리 정해진 기일에 잔금을 납입하는 것이 아니라 기한 내에 잔금이 준비되면 아무 날이나 납입하면 된다. 결국 항고도 없고 잔금도 준비가 되어 있다면 낙찰받고 15일 후면 소유권을 취득할 수 있다.

매각대금 납부방법

낙찰대금은 현금 또는 자기앞수표로 납부해야 한다. 하지만 특별한 경우에 한해서 그 외의 방법으로 납부하는 것도 가능하다. 그중 한 가지는 배당액과의 차액지급(상계) 방법이고. 또 다른 방법은 채무인수에 의한 방법이다.

이 방법들은 일반거래에서도 종종 나타나는 대금지급 방법이기도 한데 경매에서는 어떻게 적용해서 하는지 살펴보기로 한다.

차액지급(상계)에 의한 납부

낙찰자가 채권자일 때 활용하는 방법이다. 이 방법은 배당받을 채권자인 낙찰자가 매각결정에 대한 확정이 되기 전까지 법원에 차액지급 신청서를 작성해서 신고한다. 이 상계신청이 받아들여지면 자신이 배당 받을 금액을 뺀 나머지 차액만을 매각대금으로 납부하는 방법이다.

즉, 상계는 배당받을 금액이 있는 채권자가 낙찰받은 경우에 한해서 법원에 신청할 수 있다. 근저당권자가 담보물건을 낙찰받은 경우라든지, 배당요구를 신청한 임차인이 낙찰받은 경우 등이 여기에 해당한다.

예를 들어 아파트가 10억 원에 낙찰됐다. 그 아파트에 살고 있던 임차인이 낙찰받고, 그 임차인의 임차보증금이 8억 원으로 확정일자가 있는 대항력 있는 선순위 임차인이다. 그러면 전액 배당을 받을 수 있는 권리자다. 통상의 절차라면 낙찰자인 임차인은 대각대금 전액을 준비해서 납부해야 하지만 이 경우 배당받을 금액인 8억 원을 뺀 나머지 2억 원을 납부하면 소유권을 취득할 수 있는데, 이러한 방법이 상계에 의한 대금납부 방법이다.

채무인수에 의한 납부 방법

이 방법은 낙찰자가 매각 대금 지급에 갈음해서 채권자가 채무자에게 가지고 있는 금전채무를 인수하는 형식으로 이뤄지는 방식이다. 통상 일반매매에서 매도인의 근저당을 매수인이 동일한 조건으로 인수하고 매매대금총액에서 인수한 금액을 공제 후 나머지만 지급하는 방식과 유사하다. 그러나 이 방식은 채권자의 승낙이 있어야 하는 조건이 따른다.

채무인수의 경우에는 상계신청과 달리 신고의 종기는 없고 매각결정 전과 후에 언제든지 신청이 가능하다. 채권자의 승낙서와 채무인수신청서를 제출하고 신청이 받아들여지면 매각대금에서 채무를 인수한 금액을 뺀 나머지 차액만을 매각대금으로 납부한다.

예를 들어 어떤 경매 물건이 7억 원에 낙찰됐다. 이 물건에 5

억 원의 근저당이 설정되어 있다. 낙찰자가 근저당에 기한 채무액 5억 원을 인수하기로 근저당권자와 합의를 한다. 법원에 채무인수신청이 받아들여졌다면 나머지 2억 원을 납부하면 소유권을 취득할 수 있다.

통상의 경매 절차에서는 낙찰받고 14일 후에 낙찰이 확정된다. 1개월의 납부 기한이 생기고, 다시 1개월 내의 배당기일이 정해진다. 그러나 상계나 채무인수방법에 의해 매각대금이 정해지면 낙찰확정 후에 잔금납부기한과 배당기일이 같은 날로 지정된다. 이와 같은 대금납부 방법은 매수인의 매각대금을 마련하는 부담을 덜어준다. 뿐만 아니라 경매 마무리의 소요기간을 1달 정도 단축하는 효과도 있다.

매각대금 납부절차

잔금대출을 받지 않고 매각대금을 납입 시는 낙찰 시 법원에서 발급받은 입찰보관금영수증과 대금납부통지서(매각확정 후 3일 이내)를 지참하고 해당 경매계에 방문한다. 경매계에서 법원보관금납부명령서를 발급받는다. 법원 내의 취급은행(법원 내에 있는 금융기관의 지점이나 출장소)에 비치된 법원보관금납부서를 작성해서 매각대금을 납부한다.

04 은행대출로 매각대금 마련하기

대출을 어디서 해야 하나?

낙찰받았으니 매각대금을 준비해야 한다. 낙찰자가 자금계획도 없이 무리하게 입찰에 참여하는 무모한 일은 아마 없을 것이라고 본다. 누구든 입찰 전에 입찰대상물건에 대한 입찰예상가와 부대비용 등 총투자금을 산출한다. 본인이 가동할 수 있는 자금과 대출한도액을 산출하는 등 자금계획을 세우고 입찰했을 것이다.

부동산 투자에 있어 대출은 필수다. 설령 본인의 자금으로 매수가 가능하더라도 높은 투자 수익률이나 향후의 투자를 위한 기회비용을 위해서도 대출은 투자의 기본이라고 말할 수 있다.

매각대금 대출은 모든 은행에서 취급하는 것이 아니다. 취급 은행이 따로 있다. 같은 은행이라도 다 해주지도 않는다. 설령 해준다 해도 한도나 금리 등에서 많은 차이가 있다. 물론 거래 하는 은행에서 낙찰 잔금을 좋은 조건에 대출해준다면 더할 나 위 없이 좋다. 하지만 쉽지 않은 것이 현실이다.

그래서 매각대금을 대출로 준비할 때는 거의 다 대출상담사 또는 대출업무를 대행하거나 알선하는 법무사 직원이나 보험 사 직원 등 관련 업무에 종사하는 여러 사람들에게 의뢰해서 대출을 받는다. 이들은 경매 법정에서 만날 수 있다. 낙찰을 받 으면 가장 먼저 축하해주고 명함을 건네며 적극적으로 영업 을 한다.

이들을 부담스럽게 생각하거나 배타적으로 상대할 필요가 전혀 없다. 그들은 대출상담과 알선을 전문적으로 하는 직업 인들로 은행직원들보다도 종목별 규모별 대출한도나 금리 등 에 더 잘 알고 있다. 낙찰자에게 맞춤형 대출을 할 수 있는 은 행을 소개해준다.

입찰전이든 후든 건네는 명함을 거절하지 말고 일부러 달라 고 해서라도 다 챙겨두고 활용하자. 특히 입찰 전에 이들에게 상담을 해서 해당물건의 대출의 한도나 금리 등을 파악함과 동 시에 자금계획을 세우고 입찰에 참여하기를 조언한다. 낙찰받기 전에 상담해도 친절하게 설명을 해준다. 낙찰받으면 의뢰해 달라고 오히려 부탁도 한다.

그리고 낙찰받게 되면 그중에서 2~3명 정도에게 구체적으로 정보를 제공하고 상담을 한다. 자신의 조건과 맞는 은행을 소개받고 대출을 실행하면 된다. 정보를 제공도 안 하고 통상적이고 일반적 대출기준만 물어보는 식은 곤란하다. '토지를 낙찰받았는데 대출 얼마나 나오나요?'라고 질문해서는 답을 얻을 수가 없다.

대출은 물건만 보고 단순하게 대출해주는 것이 아니다. 같은 물건이라도 채무자의 신용도에 따라 다르다. 지역에 따라서도 대출기준이나 한도가 달라진다. 매각물건의 종류나 사건번호, 감정가, 낙찰가(입찰전이라면 예상입찰가) 등과 본인의 소득, 부채 현황, 보유 부동산과 원하는 대출금액 등의 구체적인 정보를 제공해야 정확한 답을 얻을 수가 있다.

대출가능금액의 기준 이해하기

매각잔금을 납입하기 위해 대출을 받아야 하는데 얼마나 나올까? 어떤 기준에 의해 대출이 실행될까? 대출가능금액의 기준을 이해하고 넘어가자. 경매에 있어 대출은 낙찰받는 것 못지않게 중요한 핵심사항이다. 경매 물건의 자금계획을 잡는데 대출을 빼고는 진행하기가 어렵기 때문이다. 누구든 대출로 매각대금을 마련할 계획이라면 입찰 전에 해당 물건의 대출의 한도나 금리 등을 파악해서 자금계획을 세운다. 그 후 낙찰받으면 대출을 실행하는 필수과정을 밟는다.

정부는 서울 및 수도권 등의 주택, 특히 아파트 가격상승을 막기 위한 정책을 끊임없는 규제 일변도로 숨가쁘게 내놓고 있다. 부동산 규제가 너무 자주 바뀐다. 투기지역, 투기과열지구, 조정대상지역을 확대하고 그에 해당하는 곳의 주택대출한도와 조건 등 대출의 기준이 더욱 까다로워진다. 이러한 부동산 금융의 규제는 경매 시장도 예외는 아니다.

많은 사람이 경매 대출은 80~90%는 나온다고 알고 있다. 그러나 물건의 종류나 종목, 유찰횟수, 낙찰 가격 등과 채무자의 신용도에 따라 그 비율은 달라진다. 그러한 조건에 따른 일반적 적용기준은 감정가와 국토부나 KB 시세, 그리고 낙찰가다. 감정가의 70%, 시세의 40~70%, 낙찰가의 80%를 비교해서 그중에 낮은 가격을 기준으로 대출이 실행되는데 금융기관마다 약간의 차이는 있다.

그러나 이러한 기준은 투기지역, 투기과열지구, 조정대상지역 외의 지역에 적용할 수 있는 일반적 기준이다. 규제 지역 내의 경매 대출도 일반주택대출기준인 주택담보대출비율(LTV : Loan to Value Ratio), 총부채상환비율(DTI : Debt To Income), 총부채원리금상환비율(DSR : Debt Service Ratio)의 적용을 받아 대출가능금액이 달라진다.

우리는 오랫동안 신문이나 방송 등 미디어를 통해 부동산 관련 소식을 접할 때마다 LTV, DTI, DSR이란 용어를 자주 들었다. 최근 들어서는 더욱더 적용 범위가 넓어지고 조건이 더 까다롭게 강화됐다. 저금리시대인데도 은행 문턱이 높아져 주택이 있는 사람은 있는 대로, 없는 사람은 없는 대로 대출이 어려워졌다.

일반매매든, 신규분양이든, 경매로든 주택을 취득하기 위해 은행에 대출을 신청하면 이 세 가지 규정이 적용된다. 적용해서 계산한대로 대출을 받게 된다. 어떤 내용인지, 어떤 계산법인지 살짝 알아보자.

주택담보대출비율(LTV : Loan to Value Ratio)

LTV란 쉽게 말해 주택을 담보로 대출을 해주는데, '이 정도

까지만 해줘라' 하는 금융감독원의 주택담보대출 인정비율을
말한다.

예를 들어 감정가나 KB시세가 5억 원인 아파트의 LTV가
70%라면 3억 5천만 원 이하로 대출을 받을 수 있다는 것이다.
가격을 기준으로 대출을 해주는 것이 LTV란 이야기다.

그런데 무주택자가 투기지역에서 같은 가격의 주택을 구입
한다면 얼마나 대출이 나올까? 그 지역의 LTV를 보니 40%다.
그러면 3억 5천만 원이 아니라 2억 원까지만 대출이 가능하다.
부족하지만 2억 원을 전부 대출을 받을 수 있을까? 그것도 아
니다. 또 따져봐야 한다. 그 기준이 DTI, DSR이다.

총부채상환비율(DTI : Debt To Income)

DTI는 연간 소득을 기준으로 부채상환능력 한도 내에서
대출을 해주겠다는 것이다.

예를 들어 연소득이 5,000만 원인 사람이 투기지역에서 주
택을 담보로 대출을 받으려면 투기지역 DTI 비율 40%를 적용
해서 연간 원리금 상환액 2,000만 원 한도 내에서 대출을 받을
수 있다는 계산이다.

이처럼 DTI는 LTV에 의해 최대로 담보대출을 받아도 원리금
상환금액의 한도 내에서 대출을 제한한다. 그렇기 때문에 비율
이 40% 이상이면 높은 비율만큼 LTV에 의한 대출금이 적어진

다. 비율이 40% 이하면 적은만큼 LTV 한도만큼 대출을 다 받을 수 있다.

결국 DTI는 소득이 낮으면 낮을수록 부채상환 능력이 낮아 대출금이 적어질 수밖에 없다. 소득이 많으면 부채상환 능력이 높아 그만큼 대출을 많이 받을 수 있다. 소득이 낮은 사람들에게는 불리한 규정이다. 그런데 한술 떠드는 규정이 있다. 바로 DSR이다.

총부채원리금상환비율(DSR : Debt Service Ratio)

DSR은 DTI보다 더 까다롭게 부채상환능력을 계산해서 대출해주겠다는 것이다. 앞서 설명한 DTI의 주택담보대출원리금과 일반대출이자의 합산금에 신용카드대출 미납금, 학자금대출, 전세자금대출, 자동차 할부금 같은 각종 할부금 등 모든 대출을 망라해서 상환능력을 보고 그에 따른 비율에 따라 대출을 해준다는 것이다.

[자료 4-2] 주택담보대출에 대한 금융규제 분류표(2019.12.16. 기준)

주택가격	구분		투기과열지구 및 투기지역		조정대상지역		조정대상지역 외 수도권		기타	
			LTV	DTI	LTV	DTI	LTV	DTI	LTV	DTI
고가주택 기준 이하 주택구입 시	서민실수요자		50%	50%	70%	60%	70%	60%	70%	없음
	무주택세대		40%	40%	60%	50%	70%	60%	70%	없음
	1주택 보유 세대	원칙	0%	–	0%	–	60%	50%	60%	없음
		예외	40%	40%	60%	50%	60%	50%	60%	없음
	2주택이상 보유세대		0%	–	0%	–	60%	50%	60%	없음
고가주택 구입 시	원칙		0%	–	0%	–	고가주택기준 이하 주택구입 시 기준과 동일			
	예외		40%	40%	60%	50%				

* 고가주택은 공시가격 9억 원 초과   ** 음영부분은 이번 대책으로 변경된 사항

[자료 4-3] 6·17 부동산 대책 투기과열지구, 조정대상지역 금융규제 현황(2020.06.17. 기준)

구분		조정대상지역	투기과열지구

금융	가계 대출	· 2주택 이상 보유세대는 주택신규 구입을 위한 주담대 금지(LTV 0%)
		· 1주택세대는 주택신규구입을 위한 주담대 원칙적 금지
		  – (예외) 기존주택 2년(투기과열은 1년)내 처분 및 전입 조건 무주택 자녀 분가, 부모 별거봉양 등
		· 고가주택(시가 9억 원 초과) 구입시 실거주목적 제외 주담대 금지
		  – (예외·조정) 무주택세대가 구입 후 2년내 전입, 1주택세대가 기존주택 2년내 처분 및 전입 시
		  – (예외·투기) 무주택세대가 구입 후 1년내 전입, 1주택세대가 기존주택 1년내 처분 및 전입 시	

		· LTV : 9억 원 이하 50%, 9억 원 초과 30% · DTI : 50%	· LTV : 9억 원 이하 40%, 9억 원 초과 20%, 15억 원 초과 · DTI : 40%
	사업자 대출	주택매매업·임대업 이외 업종 사업자의 주택구입목적의 주택담보 기업자금대출 신규 취급 금지	
		· LTV : 9억 원 이하 50%, 9억 원 초과 30%	· LTV : 9억 원 이하 40%, 9억 원 초과 20%, 15억 원 초과 0% · 개인 주택매매 임대사업자의 고가주택(시가 9억 원 초과) 구입 시 신규 주담대 금지

이러한 규정들은 결국 모두 주택 대출을 규제하기 위해 만들어진 기준이다. 시장 상황에 따라 규제가 더 강화되는 추세라면 경매에서도 그 만큼 매각대금 마련에 차질을 겪을 수 있다.

그렇다고 경매 투자자 입장에서 위축될 필요는 없다. 이 기준은 주택을 구입 시에 적용되는 기준이지 토지나 상가는 엄격하게 적용을 하지 않는다. 그러므로 아파트 등 주택을 구입 시에는 입찰 전 대출이 어느 정도 나오는지 안 나오는지를 더욱 꼼꼼하게 챙겨봐야 한다. 충분히 검토한 후 그에 맞는 물건을 선택해서 투자하면 대출규제로 인해 경매를 못 하는 일은 없을 것이다.

금융기관이 대출을 꺼리는 물건들

금융기관이 대출을 꺼리거나 대출금이 생각 밖으로 적은 요주의 물건들이 있다. 낙찰자가 대부분이 대출을 이용해 매각대금을 납부한다. 그렇지만 경매 물건의 종류에 따라서 대출을 꺼리거나 되지 않는 물건이 있다는 것을 간과해서는 안 된다. 어떤 물건들이 있는지 살펴보자.

다가구주택

1주택에 최고 19세대의 많은 임차인이 살 수 있고 가구별로 구분소유할 수 없는 주택을 다가구주택이라고 한다. 가구별로 구분소유가 되는 다세대주택(통상적으로 불리는 빌라)과는 구분된다.

    단독주택에 해당하는 다가구주택을 담보로 대출을 받을 경우에는 대출가능금액에서 흔히 '방빼기'라고 하는 가구당 최우선변제금을 공제한 금액이 실제 대출금액이다. LTV, DTI 적용을 받는 지역이라면 대출한도가 더 축소된다. 낙찰가의 30% 이하의 적은 대출이 나올 가능성이 있으므로 입찰 전 자금계획을 세울 때 상당히 주의해야 한다.

    LTV, DTI의 적용을 받지 않는 상가도 임차인이 많은 다점포 상가건물은 점포별로 최우선변제금을 공제한 후 대출될 가능성이 있다. 입찰 전 동원 가능 금액에 대한 면밀한 검토가 있어야 한다.

    '방빼기'란 무엇인가? 집이 경매로 넘어가면 1순위 근저당보다 주임법이나 상임법상 임차인이 소액보증금에 해당될 시 그중 최우선변제금을 먼저 배당받게 된다. 이럴 경우에 대비해 은행이 손해를 방지하기 위해 처음부터 대출금액에서 최우선변제금만큼 공제하고 대출을 해주는 것을 일명 '방빼기'라고 한다.

    그렇다면 다가구주택을 낙찰받아 방빼기를 당하지 않고 적정대출을 받을 수 있을까? 두 가지 방법이 있다. 첫째, 대출자가 신용보험의 일종인 모기지신용보험(MC : Mortgage Credit

Insurance)에 가입을 하면 된다. 그러면 방빼기를 당하지 않고 대출한도를 높일 수 있다(1인당, 2건 한도). 둘째, 신탁회사에 부동산을 담보로 제공하고 신탁대출을 활용해서 대출을 받는 방법이 있다.

권리상 하자가 있는 물건

권리상 하자가 있는 물건이란 해결하기가 쉽지 않은 권리가 있는 통상 특수물건으로 불리는 물건들을 말한다. 유치권이 신고됐거나 행사하고 있는 물건, 법정지상권 성립여지가 있는 물건, 지분경매 물건, 배당요구 하지 않은 선순위 임차인이 있는 물건, 대지권 없는 집합건물, 말소되지 않는 선순위 전세권, 선순위 가등기, 선순위 가처분 등이 있는 물건들이 그 대표적인 물건들이다. 이러한 물건들은 금융권에서 대출을 꺼린다.

따라서 이러한 물건을 입찰 시 하자가 해결할 수 있는 증빙서류를 확보할 수 있는지 조사해본다. 유치권이 가짜임을 증명할 수 있거나, 합의각서를 받을 수 있는 경우, 법정지상권 성립요건에 해당하지 않음을 소명할 수 있거나, 선순위 임차인이 가장 임차인임을 증명할 수 있는 서류가 있거나, 건물의 노후화 정도가 토지사용에 제약요인으로 작용할 가능성 없는 경우이 거나, 지분 토지가 나머지 토지나 지상건물 이용에 영향이 없는 경우 등 증빙서류를 확보해서 금융기관이나 대출 전문가에게 입찰 전에 상담을 받아야 한다.

그 밖에 개발제한구역, 시가화조정구역, 공원구역, 도시자연공원구역, 접도구역 등 개발 가능성이 희박한 구역 내의 토지는 설령 지목이 대지라 하더라도 대출받기가 쉽지 않다.

물건을 많이 낙찰받는 경우

총부채상환비율에 따른 대출 규제로 여러 건 낙찰을 받는다면 낙찰받을 때마다 대출받을 수는 없다. 개인담보대출은 일정금액 이상으로는 실행되지 않는다. 그나마 상가나 토지 등은 형편이 나은 편이다. 하지만 '1가구 2주택'일 경우 개인대출이 불가능하다.

그러한 대출규정으로 인해 지속적으로 물건을 낙찰받아 투자하려면 법인을 설립하거나 부동산 매매 또는 임대사업자를 내서 대출받아야 한다. 일반사업자를 위한 대출을 활용해야 하는 것이다.

Part 05

건물
인도(명도)는
내 뜻대로!

경매의 마무리는 인도

사람의 대부분은 어떤 일이든 시작도 하기 전에 부딪혀 보기도 전에 미리 걱정하고 염려하면서 걱정을 키우며 때로는 불안해하는 경우가 많다. 경매에 있어서도 낙찰자들이 공통으로 갖는 심정이다.

'내가 점유자를 잘 내보낼 수 있을까? 뭐부터 시작하지, 이사비 많이 달라며 안 나가고 떼쓰고 버티며 막 나오면 어떡하지?' 등 낙찰받고 나서부터 걱정과 그에 따른 상상에 빠지기도 한다. 그러나 걱정은 붙들어 매자. 조급함도 가지지 말자. 불안과 걱정은 점유자가 하면 했지, 매수인이 크게 연연할 일이 아니다. 매수인은 점유자를 내보낼 수 있는 선택 카드가 많다.

반면 점유자는 버틸 이유가 없이 매수인의 처분에 따라야 하기 때문이다.

한 번이라도 직접 경험을 해보면 명도가 걱정할 만큼 어려운 것이 아니라는 것을 알게 될 것이다. 통상적인 말로 거저먹는 경우도 왕왕 생기는 명도도 있다. 상황에 따라서 순리대로 하면 된다. 대화로 협의가 되면 대화로 하고, 안 되면 법대로, 내 뜻대로 할 수 있는 것이다.

02 인도^{명도}의 방법

명도에는 왕도도 정석도 없다. 내 뜻대로 하는 것이 최선이라면 그것이 왕도다. 바둑 격언에 이런 말이 있다. '정석을 알되 잊어라.' 아이러니한 말이지만 경매에도 들어맞는 말이다. 정석은 공부해야 한다. 하지만 공부한 정석이 아니라 상황에 따른 최선의 방법이 곧 정석이고 최선의 선택일 수 있다.

필자를 포함한 많은 책의 저자들이나 이른바 경매 고수들이 명도에 대해 나름대로의 경험과 정석을 이야기한다. 무엇을 말하는지 어떤 방법이 있는지 알 필요는 있다. 하지만 그 정석대로 한다고, 자랑스럽게 명도에 대한 경험을 이야기한 방법대로 한다고, 명도가 다 원만하게 잘된다는 보장은 없다.

많은 사람들이 '명도는 만나서 대화로 풀어 나가야 한다'라고 이야기한다. 그러나 반드시 만나서 대화를 나누며 합의를 하는 것만이 최선의 방법은 아니다. 꼭 만나서 하는 것만이 대화가 아니라는 말이다.

명도를 위한 대화의 방법을 살펴보자. 내용증명을 통한 합의 방법, 모바일 메시지나 일반통신을 이용한 합의, 대면해서 구구절절한 이야기를 들으며 하는 합의방법, 인도명령에 의한 강제집행 방법 등 모두 다 명도를 하기 위한 대화의 방법들이다. 어떤 방법을 택하느냐는 매수인에게 선택권이 있지 점유자에게 있는 것이 아니다.

점유자를 만나서 합의하는 방법

"안녕하세요! 이번에 주택을 낙찰받은 아무개입니다."

"그런데요?"

"아! 다름이 아니라 주택이 낙찰이 됐다는 것을 알려드리고, 이사계획은 어떻게 잡고 계신지도 궁금해서 찾아뵈었습니다."

"말하지 않아도 낙찰된 지 알고 있어요. 이사를 나갈 돈이 한 푼도 없는 오갈 데가 없는 사람이니, 내 돈 다 내놓을 거 아니라면 그냥 가세요."

최우선변제금조차 못 받고 무일푼으로 쫓겨날 상황에 놓인 대항력 없는 임차인과의 대화다. 실제로는 이보다 훨씬 심한 말을 들어야 했다.

"안녕하세요. 소장님! 오늘 ○동 ○○○호 경매 물건 낙찰받은 아무개입니다. 현재 살고 있는 집주인에게 낙찰받았다는 사실도 알리고 소장님께도 인사도 할 겸해서 찾아뵙습니다."

"아, 그러세요! 그집 분들 참 좋은 분들인데 어쩐 일로 그렇게 됐는지 안타깝네요. 그런데 지금 그 집은 비워져 있습니다. 오늘 아침 일찍 이사를 갔어요."

두 사례 다 합의를 보려고 찾아간 것이 아니라 단순한 인사를 위한 방문이다. 극명하게 차이가 나는 명도하기 어려운 집 사례와 저절로 명도한 거저먹는 집의 사례다.

일단 낙찰받고 점유자들을 만나보면, 히소연하는 유형, 으름장 놓는 유형, 자기과시 유형, 막무가내 유형, 체념 유형 등 다양한 유형의 사람들을 만난다. 그들이 처한 상황에서 자신의 성향을 드러내는 대화의 방법이지만 목적은 다 같다. 매수인에게 최대한 보상받기 위해서다.

그렇다. 결국은 쫓겨나갈 수밖에 없는 사람들의 최후의 수단이 다양한 유형으로 나타나는 것이다. 한편으로는 이해가 간다. 어떤 사람들이든 소중한 재산을 잃어버리고 살던 곳에서 쫓겨나게 되는 딱한 처지의 사람들이다. 이러한 사람들을 만나 대화한다는 것은 말주변이 있든, 없든 간에 정말 어렵고, 피곤한 일이다.

그런데 왜 때로는 문전박대도 당하면서, 나쁜 소리도 들어가며, 만나서 합의를 하려 하는가? 책에서 그렇게 하라고 해서? 경매 고수의 경험담이라서? 대화의 기술이 좋아 설득에 자신이 있어서? 도리상 만나서 이야기해야 할 것 같아서? 만나야 원만하게 합의돼 명도가 쉽게 될 것 같아서? 어떤 이유든 좋다. 점유자와의 만남과 대화도 내 뜻대로다.

그러나, 다행스럽게도 만나서 쉽게 합의가 되고 명도가 되면 좋겠지만 매수인과 점유자의 입장은 그렇지 않다. 최대한으로 추가비용 없이 또는 적은 비용으로 내보내려는 매수인과 어떻게 하든 보상을 많이 받고 나가려는 점유자와의 정반대 입장과 생각이 부딪히게 된다. 그러므로 만나서 그리 좋은 대화가 오고 가지 않거니와 마음 상하는 일이 비일비재 생기는 것이 명도 과정에 흔히 일어나는 통상적인 일이다.

그렇다면 점유자에게 스트레스 안 받고 내 집, 내 부동산을 인도받는 가장 최선의 방법은 무엇일까? 그것은 만나서 합의하지 않는 것이다. 점유자를 직접 만나지 말고 합의하는 방법이 최선이라는 것이다. 때로는 매수인 만나기를 원치 않는 점유자도 있다. 이런 사람들까지도 굳이 만나서 합의할 필요가 있을까? 그런데도 굳이 낙찰을 받고 꼭 만나서 대화를 하기 원한다면 만나되 합의를 하기 위해 만나지는 말라는 이야기다. 만나서 합의를 하려 하니 주저하게 된다. 때로는 두렵기도 하고 만나서 스트레스를 받게 되는 것이다.

내용증명에 의한 합의 방법

합의는 내용증명을 통해 하는 것이 최선의 방법이다. 인도를 하기 위해 점유자와 만나서 명도 협의를 하든 안 하든 관계없이 명도 과정에 내용증명을 보내는 일은 필수다. 이 내용증명을 활용해서 합의를 하자는 것이다. 법적 효력은 없어도 내용증명은 명도를 합의하는 데 가장 유용한 수단이다.

남 앞에 서면 말주변도 없고 설득력도 약한 매수인이든 달변이거나 대화의 기술이 좋은 매수인이라도 굳이 만나서 구구

절절 사연을 들어가며 때로는 감정의 희비에 의해 뜻을 제대로 전달하지 못하는 등 스트레스를 받아가며 합의를 하려 애쓸 것 없다. 점유자에게 요구하는 명도에 대한 내용을 정확히 전달할 수 있는 내용증명을 활용해서 합의를 하는 것이 좋다는 것이다.

말은 시간이 지나면 잊을 수도 번복도 할 수 있지만 문서의 내용은 달라지지 않는다. 언제든지 전달한 내용을 확인하고 증명할 수 있어 효과적이다. 설령 인사 수준의 내용이 없는 내용증명이라도 점유자에게는 '이사가야 할 때가 됐구나' 하는 심리적 압박감을 준다. 매수인의 명도요구를 거부하거나 무리한 요구를 저지하는 효과가 충분한 것이다.

매수인이 낙찰받은 내 물건의 점유자를 만나야 할 의무가 없다. 점유자도 매수인 만나는 것을 달가워 하지 않는다. 또한, '잔금 납입 후부터는 불법점유자가 된다. 전에 집을 비워주지 않으면 민형사상 책임을 묻고 손해배상을 할 것이다'라는 등 얼굴을 맞대고 말하기 껄끄러운 내용도 전달할 수 있다. 명도 합의에 내용증명이 반드시 필요한 이유다.

내용증명의 핵심적 내용과 요령

내용증명의 형식은 없지만, 보내는 사람과 받는 사람의 인적사항은 반드시 기재한다. 이사기한을 정해주고, 점유자가 배당을 받는 임차인인 경우에는 집을 비워주어야 즉, 이사를 마쳐야 배당금 수령에 필요한 인감과 인도확인서를 발부해주겠다는 내용을 넣는다. 공과금 처리내용도 기재하고, 만일 이행하지 않으면 불법점유에 대한 사용료를 청구한다는 내용도 적는다. 인도명령에 따른 강제집행에 대한 내용과 소송비용과 손해배상을 청구한다는 내용도 기재한다.

점유자의 성향이나 진행 과정의 타이밍에 따라 내용증명상의 내용은 약간의 차이가 생긴다. 그러나 어떤 내용을 작성하든 간단명료하고 단호하게 요구사항을 빠짐없이 작성한다. 예의를 갖춘 인사말이나 배려의 말도 첨부하면 좋다. 이렇게 작성한 내용증명에 이삿날이 정해지면 전화 연락이 아닌 메시지로 연락하라는 연락처를 첨부하고 3부 작성해서 우체국을 방문하거나, 인터넷 우체국에서 발송하면 된다.

내용증명 발송 시 같은 내용의 일반우편으로도 같이 보내는 것도 좋다. 내용증명은 수취인이 부재중이면 반송되지만 일반우편물은 점유자가 거주하고 있는 이상 우편함에서 언제든지 볼 수 있기 때문에 확실히 전달되는 효과가 있다.

낙찰 물건을 답사한 후 점유자를 만났든 만나지 못했든 관계

없이 잔금납입 전과 납입 후의 시차를 두고 두 차례 정도 보내는 것이 좋다. 첫 번째 내용증명은 낙찰자 신분으로 간단한 인사말과 본인 소개 그리고 이사계획을 세울 수 있게 일정에 대한 진행 과정만을 설명한다. 소유권이 바뀌고 나서의 법적 조치 등에 대해 간략하게 알려 주는 형식의 내용으로 작성하면 되겠다.

첫 번째 내용증명에 아무런 연락이 오지 않으면 잔금 납부와 동시에 인도명령을 신청하고 강제집행을 한다고 다시 내용증명을 보낸다. 이 과정에서 거의 합의가 된다. 합의가 되면 즉시 명도합의서(또는 명도합의각서)를 작성한다. 인도명령을 신청했다면 정지(연기) 신청을 해두고 완전히 인도가 마무리된 후에 취소하면 된다.

내용증명 보내기 전 할 일

낙찰받고 점유자를 만나러 간다는 생각을 하지 말자. 낙찰의 흥분된 마음을 진정하고 기분 좋게 낙찰물건을 보러 가면 좋겠다. 내 물건 되기 전과 내 물건 되고 나서 보는 것은 관점이 확연히 다를 것이다. 이리 보고, 저리 보는 중에 점유자를 만나게 되더라도 다짜고짜 이사계획이나 명도 이야기는 가급적이면 꺼내지 말자. 가볍게 인사하고 이번에 낙찰받은 사람으로 집도 다시 보고 사는 분이 어떤 분들인지 겸사겸사 들렀다고 가볍게 대화를 건네자. 점유자의 성향 정도만 파악하는 것으로 끝내는 것이 좋겠다. 안 그래도 심기가 안 좋고 매수인 보는 것이 불편한데 낙찰자 신분으로 긁어 부스럼을 만들 필요는 없다.

행여 말을 붙이며 이사나 이사비 이야기를 먼저하고 집 내부를 보여주는 등 호의적으로 나오더라도 호응하지 않는 것이 향후 명도 과정에 도움이 된다. '떡 본 김에 제사 지낸다'라는 식으로 만났다 해서 명도 합의까지 하려고 하지 말라는 것이다. 그렇다고 뭔가 의도적으로 속을 떠보기 위한 접근이 아닌 진실성이 엿보이는 언행이라면 피할 이유는 없다.

그러나 어차피 합의를 위한 만남도 아닌 이상 '앞으로의 일정은 서신이나 메시지로 연락을 하겠다'라고 하면 된다. 연락할 일이 있으면 문자메시지로 연락을 달라고 연락처를 주고 대면을 마무리하면 무난하다.

집을 보러 가서 점유자를 못 만나도 아쉬워할 필요는 없다. 어차피 할 말은 서신이나 메시지를 통해 연락이 될 것이다. 연락처와 함께 '낙찰자 아무개입니다. 향후의 일정에 대해 서신으로 연락하겠습니다'라는 간단한 메모만 남겨두면 된다.

내용증명 보내기

[자료 5-1] 잔금납입 전 내용증명의 예시 1

부동산 인도에 대한 통지문

받는 사람 : ○○○

주   소 : 서울시 ○○구 ○○동 ○○번지 ○○아파트 ○○○동 ○○○호

안녕하세요?

본인은 금번 귀하가 거주하는 위 주소의 부동산을 서울중앙지방법원 경매○○계 (사건번호 2021타경1234호)에서 낙찰받은 ○○○입니다.

 다름 아니라 향후 경매 일정에 대해 서면으로 안내해드리니 이사계획을 잡는 데 참고하시기 바랍니다.

통상 낙찰 후 2주 후면 낙찰이 확정이 되고 잔금 납입일이 시작됩니다. 제가 이달 5일에 낙찰을 받았으니 경매 진행 과정상 이달 20일 이후부터는 잔금 납입을 할 수 있습니다.

저는 이달 말일경에 잔금을 납입하고 소유권을 취득할 예정입니다.

살고 있던 집이 경매로 넘어가 심려가 크시겠지만, 경매 절차상 소유자가 바뀌면 집을 소유자에게 인도해주셔야 합니다.

만일 소유권이 이전되고도 이사를 가지 않고 거주를 하게 되면 법에 따라 불법점유로 인해 강제집행을 당할 수 있습니다.

또한 무단점유기간 동안의 불법거주에 대한 사용료를 청구할 것입니다. 물론 귀하의 불법점유로 인한 강제집행비용이나 손해에 대한 배상을 하게 될 것이며, 귀하의 배당금에 대해 압류조치를 하게 됩니다.

통상배당기일은 잔금 납입 후 1달 이내로 귀하가 배당금을 수령하기 위해서는 본인의 인감과 인도(명도)확인서가 반드시 필요합니다(배당받는 임차인인 경우).

본인의 잔금 납입에 맞춰 이사를 갈 수 있도록 준비를 하기 바랍니다. 잔금 납입 후에 는 법 절차에 따라 진행할 계획이며 귀하의 불법 거주로 인해 생기는 불이익을 받지 않기를 바랍니다.

불미스런 일이 없기를 바라고 이사계획이 잡히면 메시지로 연락을 해주세요.

2021년   월   일

보내는 사람 : ○○○(010-○○○○-1234)

부동산 명도 최고서

받는 사람 : ○○○
주   소 : 서울시 ○○구 ○○동 ○○번지 ○○아파트 ○○○동 ○○○호

안녕하세요?
본인은 금번 귀하가 거주하는 위 주소의 부동산을 서울중앙지방법원 경매 ○○계 (사건번호 2021타경1234호)에서 낙찰받은 매수인 ○○○입니다.

본인은 2021.   . 잔금을 완납하고 소유권을 취득했습니다.

본인은 잔금납입 전 내용증명의 서신을 통해 경매 진행과정과 잔금 납입 후 소유권이 이전되고도 귀하가 이사를 가지 않을 시의 법적처리에 대해 자세히 통지했는데도 귀하는 무리한 요구를 하며(또는, 이사에 대한 계획조차 연락하지 않을 시) 불법거주를 하고 있어 지난번 통지한 내용대로 법적조치를 신청했습니다.

1. 불법거주로 인해 부득불 인도명령을 신청했고 강제집행할 것임을 통지합니다.

2. 이사기한을 배당기일인 2021.   . 까지 양보하고 그 안에 이사를 하지 않을 시에는 그에 따라 강제집행은 물론 강제집행 비용 및 무단거주에 의한 사용료와 미납된 공과금 등 손해에 대해 귀하의 배당금(배당받는 임차인인 경우)에 압류 조치할 것입니다.

3. (배당받는 임차인이 아닌 경우) 손해배상은 물론 경매 집행방해죄나 강제집행면탈죄 등 형사상의 고소도 할 것임을 통고합니다.

4. 본 내용증명을 받고 3일 이내에 아무런 연락이 없는 경우 즉시 강제집행을 진행하도록 하겠습니다.

5. 귀하께서 현명한 판단을 하시어 최악의 불미스런 일이 발생하지 않기를 기대합니다.

2021년   월   일

보내는 사람 : ○○○(010-○○○○-1234)

03 인도명령 신청하기

인도명령이란?

인도명령은 법원 경매를 통해 부동산을 낙찰받은 사람이 낙찰대금을 완납한 후 인도명령대상자와 인도합의가 원만하지 않거나 해당 부동산의 인도를 거부할 경우에 부동산을 수월하게 인도(명도)받기 위해 법원으로부터 받아내는 집행권원(결정문)을 말한다. 인도명령대상자는 대항력 없는 임차인이나 소유자, 채무자 등이다.

명도소송에 비해 인도명령은 단기간에 부동산을 명도받을 수 있다는 장점이 있다. 하지만 낙찰대금 납부 후 6개월 이내에 반드시 신청해야 한다. 만일 이 기간이 경과하게 되면 명도소송을 통해 집행해야 한다.

매수인의 인도명령 신청에 따라 법원은 간단한 절차에 의해 인도명령결정한다. 인도명령 결정문을 받은 매수인은 그 집행권원으로 집행관에게 인도명령을 위임해서 부동산에 대한 강제집행을 통해 인도받을 수 있다.

잔금납입 전 명도에 대한 합의가 없을 시 잔금납부와 동시에 인도명령신청을 무조건 한다. 부동산을 인도하는데 있어 인도명령은 내용증명과 함께 필수라고 보면 된다.

잔금대출을 받은 경우에는 법무사에서 무료신청도 해준다. 대출을 받지 않을 경우에는 직접 신청하면 된다. 인지대나 송달료가 저렴해서 부담이 없다. 인도명령결정은 법원별로 약간의 차이가 있다. 하지만 점유자가 세입자일 경우에는 배당기일 이후에 결정이 되는 경우가 많다. 점유자가 채무자나 소유자일 경우에는 신청 후 바로 해준다.

인도명령신청은 곧 강제집행을 하겠다는 점유자에 대한 압박수단이다. 무리한 요구를 하며 버티던 점유자라도 일단 인도명령결정문을 받게 되면 심리적 압박감으로 인도를 서두르게 된다.

인도명령을 신청할 수 있는 사람은 낙찰자인 매수인과 매수인의 일반승계인(상속인), 공동매수인(단, 매수인으로부터 매수한 자는 인도명령의 자격이 없다)이 신청인이 된다.

인도명령 대상자들은 누구인가?

인도명령은 그 대상자가 제한돼 있다. 대항력 없는 임차인, 채무자, 소유자와 그 가족, 일반승계인(상속인) 그밖에 채무자와의 이해관계에 있는 동거인 내지 불법점유자들이다. 대항력 있는 임차인도 배당기일에 임차보증금을 전액 배당받는 것으로 배당표가 확정되면 배당금 수령 여부와 관계없이 인도명령을 신청할 수 있다. 단, 임차보증금의 일부만 배당받거나 임차보증금을 전부 배당받았다 하더라도 배당이의 등으로 배당표가 확정되지 않으면 인도명령을 신청할 수 없다.

인도명령 신청 절차도 간편하다

인도명령신청 ▶ 인도명령 심리 또는 심문(대항력 있는 임차인 등 매수인에게 대항할 수 있는 권원이 있는 자) ▶ 결정문 송달(신청 후 2주) ▶ 결정문 송달 수령의 과정을 거친다.

채무자는 신청일로부터 3일 이내, 임차인은 배당기일 종결 후 3일 이내에 결정된다.

인도명령결정문의 송달

낙찰자의 인도명령 신청에 의한 인도명령 결정정본은 낙찰자와 상대방에게 송달된다. 대상자에게 결정정본이 송달되면 즉시 효력이 생긴다. 낙찰자는 법원으로부터 송달증명원을 첨부받아 점유자에 대해서 강제로 명도집행을 할 수 있다.

따라서 명도집행을 하기 위해서는 상대방에게 결정정본이 송달돼야 한다. 명도대상자가 결정정본을 고의로 수취 거절을 하거나, 폐문부재 등으로 송달이 되지 않아 명도집행이 지연되는 경우가 있다.

이 같은 이유로 인도명령결정문이 송달되지 않으면 주소보정을 해서 재송달 신청을 하거나 특별송달 신청을 해야 한다. 대다수의 법원은 신속한 경매 절차와 채권자권익을 위해 낙찰자가 재송달 신청을 하지 않아도 송달간주(발송송달)로 처리하고 송달증명원을 발급해주고 있다. 송달간주(발송송달)는 '민사소송법' 제189조에 의해서 서류를 당사자가 직접 송달받지 않았다 하더라도 1차로 송달이 안 되면 2차로 발송하는 순간 송달의 효력을 발생시키는 제도다. 공시송달(법원 게시판에 일정기간 공시로 송달 효력 발생)과 비슷한 개념의 제도다.

하지만 집행법원이 이같은 발송송달 제도를 실시하지 않는다면 주소보정이나 특별송달 신청을 통해 송달증명원을 발급받아야 한다. 해당 법원의 처리지침을 확인해야 한다.

04 인도소송이란?

　부동산 인도명령은 낙찰자가 별도의 소송 없이도 대항력 없는 임차인 등 인도명령대상자에 대해 법원의 명령으로 강제집행 권원을 확보할 수 있도록 하고 있다. 빠르고 간편하게 부동산을 명도받을 수 있는 제도다. 인도(명도)소송은 경매 사건과는 별개의 사건으로 취급되는 일반적인 민사소송이다. 경매 집행법원이 사건을 심리하지 않고 부동산 관할 법원에 소를 제기해야 한다.

　인도소송의 대상자로는 매각대금 납부 후 6월이 경과한 인도명령 대상자, 대항력 있는 임차인, 선순위 임차권자, 제3자의 불법점유자, 채무자에게 소유권을 취득한 경우, 유치권자,

법정지상권이 성립하는 건물의 임차인, 채무자이며 대항력 있는 임차인 부도 임대주택의 임차인, 공매로 취득한 부동산 등이 그 대상자다.

명도소송은 부동산을 취득 후 명도하는 방법 중 한 가지다. 최소 6월에서 1년 이상이 소요되는 어려운 소송이다. 어려운 일을 자처해가며 할 필요는 없다. 입찰 전 세밀한 권리분석을 통해 명도소송의 대상이 되는 물건은 가급적 피하는 것이 좋다.

05 강제집행 전
최후의 통보

인도명령의 신청은 인도대상자와 원만한 합의를 통해 목적 부동산을 인도받기 위한 방법이다. 그런데도 인도명령의 결정 문을 송달받고 연락이 안 되거나, 이사갈 돈이 없다고 무리한 이사비용을 끊임없이 요구하기도 하고, 준비시간을 더 달라면 서 차일피일 미루며 여러 가지 핑계와 거짓말로 일관하는 등 원만한 합의를 거부할 때는 불가피하게 강제집행을 준비해야 한다.

강제집행은 명도에 있어서 최후의 방법으로 인도명령제가 없는 공매에서는 흔히 일어난다. 경매에서도 다양한 유형의 점 유자가 있는 만큼 합의 과정에 원하는 바는 아니지만 강제집행까지 해야 하는 경우가 생긴다.

강제집행을 하게 되면 금전적 비용보다도 점유자를 강제로 명도시키는 것에 대해 심적으로 불편하고 주변의 이목에 부담이 더 크다.

그래서 강제집행 가기 전에 점유자에게 명도를 빨리하라는 압박효과와 점유를 타인에 이전하는 것을 막기 위한 방법으로 점유이전금지 가처분을 신청을 한다.

점유이전금지 가처분이란?

점유이전금지 가처분은 부동산을 경매로 낙찰받거나 일반적인 임대차계약의 종료 또는 해지 시에 점유를 풀지 않는 점유자에 대해 명도집행에 앞서 집행하는 것이다. 부동산에 대한 명도청구권을 보전하기 위해 점유를 타인에게로의 이전을 금지시키는 것은 물론 타인 물건들의 반입을 금지시키는 등 그대로의 현상을 강제집행 시까지 보전하기 위한 목적으로 하는 가처분이다.

경매에 있어 점유이전금지 가처분 신청은 인도명령 신청과 동시에 하는 경우가 많다. 점유자의 유형과 상관없이 인도명령

신청과 같이 반드시 하라고 권하는 전문가들이 많다. 그만큼 점유자가 어떻게 변할지 믿을 수가 없고 명도에 변수가 많으니, 미연에 방지하는 차원에서 미리 하라는 것이다.

점유자를 만나거나, 내용증명이나 문자메시지를 통해 명도 합의를 하는 과정에서 점유자의 성향을 파악한다. 점유자가 거짓말과 핑계로 일관하며 믿음이 안 가는 언행으로 골치 아픈 상대인지 아니면 단순히 이사비용이라는 당근으로 합의하고 명도를 끝낼 수 있는 상대인지의 윤곽을 확인한다. .

그런 점유자의 유형을 파악해서 그에 따라 대처하면 원만하게 합의를 할 수 있다 판단되는 점유자를 상대로 굳이 점유이전금지 가처분 신청을 할 필요는 없다. 왠지 꿍꿍이가 있고 속썩일 것 같은 예감이 들면 점유이전금지가처분 신청을 망설일 이유는 없다.

점유이전금지 가처분의 신청은 직접 신청할 수도 있지만 주로 인도명령과 같이 법무사(또는 변호사가 대행)가 대행한다. 절차도 간편하고 비용도 저렴하다. 집행과정은 가재도구 등 짐만 강제로 이전시키지 않을 뿐 강제집행과 비슷한 절차를 밟는다. 처분 결정이 떨어지면 일단 집행은 유보하고, 송달이 됐는데도 점유자가 명도에 응하지 않을 경우에 결정된 날로부터 2주 이내에 집행하면 된다.

집행신청을 하면 법원의 집행관이 신청인(낙찰자, 또는 채권자)과 증인 2인(점유자가 없을 시)을 대동하고 집을 방문한다. 점유자가 없다면 열쇠수리공을 불러 강제로 문을 개폐한다. 집 안으로 들어가서 잘 보이는 곳에 이른바 가처분 딱지를 붙인다. 이렇게 집안에 들어가 이사에 대한 강한 압박과 통고를 하는데도 이사를 가지 않고 버틴다면 강제집행을 하게 된다. 어쩔 수 없이 강제집행으로 내 집, 내 부동산을 찾을 수밖에 없다.

점유이전금지 가처분의 효과

맡겨놓은 돈 내놓으라는 듯 기세등등하게 갑질하는 점유자도 있다. 이삿날을 차일피일 미루면 거짓말을 밥 먹듯 하는 사람이 있는가 하면, 무식을 가장해 법대로 해보라며 배짱으로 나오는 사람도 있다. 이사를 가고 싶어도 이사갈 수 없으니 계약금 조로 이사비용부터 먼저 내놓으라는 사람도 있다. 이렇게 다양한 유형의 점유자들이 매수인을 괴롭힌다. 소수이기는 해도 이런 사람들 때문에 점유이전금지 가처분이 있는 것이다.

사실 이렇게 명도를 거부하고 시간을 끌며 원하는 바를 취하기 위해 매수인을 어렵게 하는 사람들 중에서 자기들이 아무리 버텨도 결국에는 쫓겨나갈 수밖에는 없는 입장이라는 것을 모르는 사람들은 없다.

그런데도 강하게 버티는 이유는 '주변 이목도 있고, 동네 소문도 별로 안 좋게 나는데, 설마하니 나를 강제집행까지 하겠어?' 하는 얄팍한 군중심리를 이용하는 측면이 많다.

그러나 인도결정문 통지가 가고, 가처분결정문 통지가 가도 꿈쩍 않던 점유자도 막상 점유이전 가처분 집행하게 되면 버티기 어렵다. 낯선 사람들이 현관문을 강제로 따고 집안에 들어오면 심리적으로 강한 압박감을 느끼고 현실적인 어려움을 느껴 버티는 사람은 거의 없다.

이제 강제집행을 당하느냐 고집을 내려놓고 이사를 하느냐는 점유자의 몫이다. 매수인은 강제집행이 목적이 아니라 원만한 합의가 안 돼 여기까지 온 만큼 이쪽에서는 조급할 필요가 없다. 대화에 응하면 주도적으로 명도 합의를 이끌어내면 된다.

이같이 점유이전금지 가처분 집행을 하게 되면 명도 합의에 이르는 효과도 있고 낙찰자인 매수인이 동행해서 집안 내부 상태를 꼼꼼히 살펴볼 수도 있다. 현재 사람이 실질적으로 거주하고 있는지, 살고 있다면 매각 당시의 신고된 점유자인지 아니면 제3자가 살고 있는지 등 그간 살펴보지 못했던 점유자에 대한 상태를 확인할 수 있다.

점유이전금지 가처분의 본래의 목적은?

이와 같이 점유이전금지 가처분은 경매 절차상의 실제 임차인이나 채무자, 소유자 등 점유자로부터 명도를 받기 위한 방법으로 집행한다. 또 점유자의 상태 파악의 효과도 있다. 하지만, 그보다 더 큰 이유가 있다.

말 그대로 바로 점유의 이전을 금지시키는 효과다. 경매 진행절차상 점유자를 상대로 인도명령을 받았지만 합의에 응하지 않아 강제집행은 유보했다. 이 상태에서 점유이전금지 가처분 신청을 하고 집행을 하려 했으나 매각 당시의 신고되고 확인된 점유자는 온데간데없고 전입신고조차 되지 않은 제3사가 점유하고 있다면 어떻게 해야 할까?

최악의 경우가 바로 이런 일이다. 점유가 이전된 것이다. 이런 일이 종종 생기는 것이 경매다.

통상 이런 경우 제3자를 상대로 처음부터 다시 시작해야 한다. 시간적으로도 많이 소요된다. 불법점유의 상대가 일반인하고는 다른 생활을 하는 사람들인 경우가 많아 상당한 어려움이 따른다.

제3자 점유 시 어떻게 해야 할까?

제3자가 점유하고 있다면 다른 도리가 없다. 처음부터 다시 시작해야한다. 인도명령 신청이나 점유이전금지 가처분과 강제집행은 현 점유자를 상대로만 가능하다. 불법 점유자는 집행을 할 수 없다. 별수 없이 다시 시작하려 하는데 불법 점유자가 행정복지센터에 전입신고를 하지 않아서 인적사항조차 알 수가 없다.

불법 점유자가 인적사항을 알려줄까? 그런 불법 점유자는 없다. 그렇다면 어떻게 해야 할까? 우선 처음 점유자를 상대로 받은 인도명령 결정에 따라 강제집행 신청을 한다. 절차에 따라 집행관은 현장에 나가 조사를 하거나 인도집행을 한다. 이때 인도명령 대상자와 점유자가 다르면 인도 집행 불능이 되어 집행관은 집행 불능의 사유를 기재하고 집행을 중지한다.
이 때에 집행관에게 강제집행 취소가 아닌 정지(연기)신청을 하고, 그 후에 새로운 점유자를 상대로 인도명령 신청을 할 때 '불법 점유자'라는 표시를 하고 승계 집행을 신청한다. 그러면 별도의 심문 없이 인도명령 결정문이 나온다. 그러면 즉시 제3의 점유자를 상대로 승계에 의한 강제집행을 하면 된다.

불법 점유자의 인적사항은 경찰의 도움을 받자. 112에 신고를 해서 불법 점유에 대한 현행범으로 고소를 하자. 그러면 경찰관이 불법 점유자의 인적사항을 확인한다. 그 인적사항을 토대로 인도명령 신청과 강제집행을 실행하면 된다. 다른 사람과 권리의 충돌이 생기면 누구나 자기의 이익을 위해 어떤 일이든 마다하지 않는 것이 현실이다. 경매에서 명도도 예외는 아니다. 그렇기 때문에 점유이전금지 가처분은 필요한 것이다.

집행사전예고제

집행사전예고제란 강제집행을 하기 전 마지막으로 점유자에게 자발적인 이사의 기회를 주는 최후의 압박절차다. 매수인이 명도합의를 위해 내용증명이나 메시지 또는 직접 대화를 통해 충분한 통지를 했는데도 응하지 않아 강제집행과는 별도로 점유이전금지 가처분 신청과 집행을 했다. 그런데도 명도를 거절하면 강제집행을 통해 명도하는 수밖에 달리 방법이 없다.

이러한 강제집행을 피하기 위한 방법으로 마지막까지도 합의에 의한 인도를 하기 위한 고육지책이라고 할 수 있다.

매수인이 강제집행신청을 하면서 동시에 집행사전예고를 신청한다. 통상 인도명령 결정을 받고 강제집행신청을 하면 신청 후 15~30일 사이에 집행일이 결정된다. 집행일이 결정되면 집행비용 예납통보 또는 법원에 따라 집행비용 전부를 납부한다.

집행사전예고제의 집행계고

집행계고란, 강제집행 전 집행관이 점유자와 매수인이 인도에 대해 합의를 보지 못하면 3~10일 이내에 법원에서 강제집행을 하겠다는 최후통첩 계고서다. 이 계고서는 집행관 2인이 낙찰자와 증인 2명과 직접 방문해서 점유자가 없을 때는 열쇠수리공에게 강제로 문을 열게 하고 집안으로 들어가 계고장을 붙인다. 일부 법원은 집안으로 안 들어가고 현관문에 계고장을 붙이기도 한다. 이 계고서는 집행이 언제 실시된다는 점을 통보하는 경고장이기 때문에 심리적 압박효과가 크다. '갑'인양 버티고 기세당당하던 점유자도 이런 경고장을 받고도 버티는 점유자는 거의 없다.

이런 제도를 활용 강제집행 전 원만한 합의를 하면 비용도 절감하고 점유자도 강제집행을 피할 수 있게 된다. 다행히 강제집행 전에 이사에 대한 합의가 이뤄져 집행을 취소할 경우에는 집행비용 중 기본비용을 제외한 나머지는 환급을 받을 수 있다. 계고장을 붙였는데도 이사를 가지 않고 끝내 버틴다면 그 때는 강제집행을 진행한다.

강제집행의
실행

모든 노력이 수포로 돌아갔다. 집행계고까지 해보며 마지막까지도 원만한 합의를 하려 했지만 돌부처도 아닌데 요지부동전혀 응하질 않는다. 이제 강제로 짐을 끌어내고 명도를 하는 강제집행뿐이다. 하고 싶지 않은 일이지만 어쩌겠는가! 한 번도 해보지 않았던 일을 하려니 초보자 입장에서는 "이래가며 경매를 해야 하는가?" 하는 갈등이 생기게도 하는 일이다. 그러나 경매를 시작하며 어찌 쉬운 일만 있을 거라고 생각하고 하겠는가!

권리분석을 하고 입찰해서 낙찰받고 잔금도 납부하고 명도를 받기까지 과정마다 순조롭게 진행되지 만은 않는다. 강제집행도 경매에 있어서 결코 특별한 일은 아니다. 절차상의 한 과정일 뿐이다. 강제집행을 실행한다 해서 감정의 기복을 느낄 필요는 없지 않을까 싶다.

그러나 여기까지가 경매의 마지막 과정이긴 해도 강제집행으로 명도를 하는 일은 가급적 하지 말아야 한다. 누구때문에 집행해야 하는지는 한 번쯤 냉정히 살펴보고 진행할 필요가 있다. 그만큼 강제집행은 마지막까지도 심사숙고하는 것이 좋다. 물론 전적으로 점유자에게 원인이 있다. 그렇지만 협의 과정에 어떤 틀의 사고에 얽매이거나 지나치게 수익성에 편승해서 유연하지 못한 협의 방법에 의해 오게 되진 않았는지 돌아볼 필요가 있다.

예를 들면 알게 모르게 점유자의 자존심을 상하게 해 감정적 맞대응이 생긴 것은 아닌가? '이사비를 왜 줘야 하는데?', '이 정도면 충분하지 않아?' 등 나의 사고와 틀에 얽매여 대화의 물꼬를 스스로 막아버리지는 않았는가? 상대가 굴복하기만 기다리다 '안 되면 법대로 하지' 하며 여기까지 오지 않았는지 등을 살펴보자.

만일 그것이 원인일 수도 있다 판단되면 집행을 보류하고 '지는 게 이기는 거다'라는 말대로 마음을 살짝 내려놓고 양보를 받을 것인지, 집행을 할 것인지에 대해 마지막으로 대화를 시도

해보는 것도 나쁘지 않다.

결국은 돈이다. 경매도 돈 벌자고 하는 일이다. 점유자가 매수인이 부담할 의무도 없는 이사비용이라는 돈을 요구하기 때문에 그 부담의 정도에 따라 명도가 늦고, 빠르고, 어렵고, 쉽고의 차이가 생긴다. 그렇다. 낙찰을 받고도 해당 물건을 명도하기 위해서는 이사비용이든 강제집행비용이든 필요비용이 지출된다. 그렇다면 이사비용은 얼마가 적정선이고, 강제집행을 하기 위해서는 비용이 얼마나 들어갈까?

강제집행비용 vs 명도합의비용

강제집행비용은 집행물건의 종류나 면적 또는 시점에 따라 다르고 집행법원의 기준 또한 다르지만, 최근 일반적으로 적용하는 아래의 적용기준을 예로 들어 살펴보도록 하자.

예시 아파트 32평 집행물건을 가정했을 때

강제집행 예상 총비용 : 294만 원
집행계고 비용 : 40만 원 → 집행관 여비, 수수료, 입회비, 열쇠공 등
노무비 : 통상 2평당 1인 → 9만 원 선, 32평÷2평=144만 원
차 량 : 50만 원(5톤 1대 기준)
보관 창고비 : 1개월 20만 원×3개월=60만 원

복잡하게 나열하지 않고 간단히 계산하면 대략 평당 9만원선이 집행비용으로 지출된다는 것을 알 수가 있다.

명도합의비용(이사비용)의 적정선은?

매수인이 점유자에게 비용을 지불해야 할 의무는 분명히 없다. 그러나 대다수 경매 투자자들은 이사비용 조로 합의금을 지불하고 명도를 한다. 적정선을 강제집행 예상비용을 명도협상 시 이사비용 기준금으로 활용한다. 법원에 돈을 주는 만큼 이사비용으로 책정한다는 것은 합리적이고도 객관적 판단이고 충분히 설득력이 있는 금액이다. 어차피 매수인 입장에서 입찰 전 수익성 분석으로 고려했던 부분의 금액이라고 아까워할 것도, 아쉬울 것도 없다.

그러나 이러한 금액은 기준금으로 활용할 뿐이다. 점유자의 상황이나 이사 날짜, 낙찰가격 등에 따라 유연하게 조정할 필요가 있다. 만약 30평 아파트 금액이 3억 원이라고 치면 통상적 면적 대비 계산으로 270~300만 원의 이사비용으로 기준을 잡는다. 이사 날짜에 따라 증감 조정을 하겠지만 같은 면적이라도 금액이 10억 원대라면 적정기준 금액보다 더 높은 가격의 이사비용을 고려해야 한다.

그리고 더 보태보자. 눈앞에 어른거리는 돈만 보지 말고 시간이 지나감에 따라 발생할 금융비용이나 관리비 등 부대비용과 보이지 않는 시간적 기회비용, 그리고 심적 부담감이나 정신적 스트레스 등을 감안해서 그런 기회비용 모두를 보태 인도비용을 책정해보자. 그러면 명도의 어려운 점이 쉽게 해결되리라 본다.

그런데 문제는 적정선 이상의 인도비용을 제시하고 원만한 명도를 제안했는데도 터무니없는 금액을 요구하는 경우다. 그러면 별다른 방법이 없다. 법원민사집행과에 강제집행신청서, 송달증명서, 인도명령결정문을 제출하고 집행비용을 납부하면 일주일 이내에 강제집행예고를 받는다.

이런 경우까지 가면 참 답답하다. 어쩌면 이렇게 막가자는 식으로 무식하게 나오는 걸까? 가족들도 있고 어딘가에서 거주를 하며 생활을 해야 하지 않는가? 요즘은 인터넷만 뒤져봐도 웬만한 경매 정보가 다 나온다. 특히나 경매 관련 업체들의 매각 부동산의 점유자에게 서신이나 통신을 통한 정보를 제공한다. 본인의 처한 상황에 대해서 잘 알고 있을 터다.

인도명령 대상의 점유자라면 버텨봐야 강제집행 당하고 쫓겨나고 소송비용까지도 물어내야 한다. '망신당하지 말고 적당한 선에서 합의하고 이사를 가시라' 하며 주위의 경매를 좀 안다는 사람들도 이구동성 이런 조언을 해줄 터다. 그런 줄 알면서도 강제집행을 당한다. 자포자기거나, 정말 갈 곳이 없거나, 자존심을 목숨보다 더 지키며 살다 이 꼴을 당해서 합의고 뭐고 이주를 했거나, 합의하려 했으나 원하는 금액은 받지 못하고 오히려 자존심만 상해서 끝장을 보려 하거나, 강제경매를 당하는 사람들 나름대로 다 이유는 있을 것이다.

강제집행은 쌍방을 피해자로 본다. 대다수 점유자들도 원만한 합의를 원한다. 적어도 원치 않는 강제집행을 막는 방법은 명도를 주도적으로 할 수 있는 매수인이지 점유자가 아니다. 옛말에 '광에서 인심 난다'라고 했다. 강제집행에 앞서 적정합의금을 폭넓게 짚어보고 구체적 상황에 맞는 현명한 판단으로 원만하게 명도를 끝낼 수 있는 지혜가 필요하다.

07 쉬운 명도, 어려운 명도 따로 있나?

'구더기 무서워 장 못 담글까'라는 속담이 있다. 명도가 좀 어렵다 한들 명도가 무서워 경매를 못 하는 사람이 있을까? 경매를 하면서 명도는 피할 수 없는 과정이다. 특히 주거용 물건에는 집주인이나 임차인이 살고 있기 때문에 그들로부터 집을 인도받아야 경매가 마무리되고 비로소 내 집이 된다.

경매에서 피할 수 없는 명도는 매각기일 이후 낙찰을 받고 나서부터 시작이다. 그러나 엄밀히 따지자면 인도의 시작은 물건을 선정하고 권리분석을 하며 점유자의 유형을 파악하면서부터 시작한다. 현재의 점유자가 인도명령대상자인지 인도소송대상자인지 등 파악하는 데서 부터 시작한다. 인도소송대상자가 점유하고 있다면 명도가 어렵기 때문에 입찰을 신중하게 판단해야 한다. 인도명령대상자가 점유하는 물건일 경우 점유자의 유형을 분석한다.

점유자가 소유자냐 채무자냐, 임차인이 대항력이 있느냐, 없느냐, 임차인이 보증금을 배당받느냐, 못 받느냐 등을 분석한다. 현장조사를 마치고 입찰 즈음에는 점유자에 대한 인도비용이나 명도전략 등도 최종확인서를 작성하며 명도가 비교적 쉬울 것인지 아님 어려울 수도 있을 것이라든지 그 난이도에 대한 윤곽을 가늠하게 된다.

이렇게 권리분석 과정에 명도의 난이도가 분석되기 때문에 입찰자들은 대부분 명도가 비교적 쉬운 물건을 많이 찾는다. 그러다 보니 입찰자가 많이 몰리고 낙찰가율은 높아진다. 상대적으로 명도의 난이도가 높은 물건은 참여 인원이 적어지게 된다.

명도가 쉬운 집과 어려운 집

인도명령의 대상자는 정해져 있지만 점유자의 유형에 따라 명도가 쉽고 어렵고를 판단할 수가 있는데 어떤 유형의 점유자라도 복불복(福不福)이다. 쉽다고 생각했지만 어렵고 애를 먹을 수도 있고, 어렵다고 생각했는데 의외로 쉽게 명도가 될 수 있다는 것이다. 유형에 따른 맞춤 전략이 필요하다.

채무자 및 소유자

채무자나 소유자가 거주하는 물건은 인도명령 대상으로 일단 권리분석상 명도부담이 적고 쉽다. 입찰경쟁률도 비교적 높은 편이다.

자존심이나 체면 등의 이유로 이사비에 대해 크게 요구하지도 않고 순리대로 명도하는 경우가 많다. 때로는 잔금 납입 전에 집을 비우고 이사가는 사례도 적지 않다. 하지만 이른바 자존심을 상하게 한다든지 비위를 상하게 한다면 과민반응을 보여 애를 먹게 되는 경우도 있다. 집주인이 점유자일 경우에는 내용증명상의 통지문이든 만나서 대화하든 예의를 갖추자. 좀 더 신경을 쓰는 협의 전략을 세우는 것이 필요하다. 그러나 명도의 절차나 마무리에 대해서는 확실히 전달한다.

보증금 전액 배당받는 임차인

대항력과 확정일자를 갖춘 선순위 임차인이 배당요구로 보증금 전액을 법원에서 배당받는 물건은 명도하기가 가장 쉽다. 초보자는 물론 여타 입찰자들이 선호하는 물건이다. 경매로 인해 손해가 없기 때문에 매수인에 대해 이사문제로 날을 세우며 대들 명분 또한 없다. 굳이 명분이 있다면 계약 기간까지 거주하지 못하고 이사를 가야 한다는 이유정도다.

명도 협상에 있어 매수인이 원하는 대로 할 수 있는 명도 대상이라 보면 된다. 즉 이사비를 한푼도 안 주고 명도할 수도 있다. 최소비용만 지불하고 명도를 진행할 수도 있는 대상이다. 간혹 대항력 있는 임차인이 인도소송대상이라는 점을 악용해서 상당한 금액의 이사비를 요구하는 경우도 왕왕 있지만 얄팍한 수단에 불과하다. 인도소송대상이기는 해도 잔금납입 후 배당표가 확정되면 인도명령대상이 된다.

또한 대항력 있는 임차인이라도 배당을 받기 위해서는 매수인의 인감과 인도확인서가 필요하다. 그 서류가 없으면 배당을 받지 못하고 법원은 공탁 처리를 한다. 그 공탁된 배당금에 불법점유에 대한 사용료를 가압류로 처리를 할 수 있는 협상 카드가 있다. 명도에 저항을 할 수가 없는 것이다. 무리한 이사비를 요구하며 이사를 거부하면 이런 방법 등을 사용할 수 있음을 통지한다. 그러면 이사를 원만히 처리할 수가 있다.

보증금 일부 받는 임차인

　임차보증금의 일부만 배당받는 임차인은 아무런 잘못도 없이 피 같은 돈을 잃어버리는 억울함으로 그 돈을 매수인에게서 보상받으려는 심리가 강하게 표출되며 명도에 대해 강하게 반응하는 경향이 많다. 무리한 이사비용을 요구하며 반응을 한다 해도 감정적 반응이나 대응은 삼가고 내용증명이나 메시지를 통해 향후 명도의 진행과정에 대한 내용을 단호하게 전달할 필요가 있고, 그렇게 진행하면 된다.

　돌려받지 못한 보증금은 전 주인에게 받을 돈이지 매수인이 지불할 의무도 책임도 없음을 분명히 고지한다. 그나마 배당받는 보증금도 매수인이 인감이나 인도확인서를 제출해야 돌려받는다는 사실도 전달한다. 이사를 가지 않으면 그 보증금은 법원에 공탁되고 매수인은 명도지연에 대한 손해배상으로 가압류 조치할 수 있음을 알린다. 계속해서 무리한 이사비를 요구하며 이사를 거부 시에는 이런 방법 등을 사용할 수 있다는 것을 통지해서 합의를 이끌어낸다. 그래도 거부한다면 통지한 내용대로 실행해서 명도 처리하면 된다. 급한 건 임차인이지 매수인이 아니다. 애를 먹인다고, 스트레스받는다고 조급한 마음에 서두를 필요가 없다.

보증금 전부 못 받는 임차인

최우선변제금조차도 배당받지 못하고 그야말로 알몸으로 나갈 수밖에 없는 임차인은 참 어렵다. 인도 시 가장 신경 써야 할 대상이다. 복잡한 심정으로 매수인에게 매달리고 때로는 억지를 쓰는 임차인도 있다. 물론 매수인이 보증금을 지불할 의무도 책임도 없다는 사실을 알고 있다. 하지만 지푸라기라도 잡는 심정으로 인정에 호소하며 매달리는 것이다. 흔치 않게 일어나는 일이다. 한 푼도 받지 못한다는 사실을 알고 낙찰을 받았다면 명도비용은 정상참작할 생각이 있었으리라 본다. 통상적 이사비용에 기회비용까지 좀 더 보태서 이사비용을 얹어 주는 유연한 대처가 필요하다.

'열 길 물속은 알아도 한 길 사람 속은 모른다'라는 말이 있다. 명도에 있어서 쉬운 명도, 어려운 명도는 점유자의 유형에 따라 구분할 뿐이다. 인도가 마무리되는 즉 이사가 완료되는 순간까지도 긴장을 놓아서는 안 되는 것이 명도라는 것을 항시 명심하고 진행해야 한다.

가장 임차인 식별하기

가장 임차인인지 아닌지는 누가 판단할까? 경매 집행 법원
이 판단해줄까? 현황조사서나 매각물건명세서에서 가장 임차
인인지 진성 임차인인지를 구분해서 표기를 해줄까? 눈을 씻
고 봐도 가장 임차인이라는 단어는 보이질 않는다. 이런 공지
내용을 늘 볼 것이다.

기타	- 본건 현황조사차 현장에 임한 바, 폐문부재로 이해관계인을 만날 수 없어 상세한 점유 및 임대차관계는 알 수 없으나, 전입세대열람결과 임차인이 이건 부동산을 점유,사용하는 것으로 추정됨(세대출입문에 임차인의 권리신고방법 등이 기재된 `안내문`을 붙여 놓았음) - 본건 주소지내 전입세대 열람내역 3통 및 주민등록등본 1통 첨부

임차인이 임대차신고를 하고 배당요구를 했든, 권리신고도
배당요구도 하지 않았든, 소유자나 채무자 외의 전입신고가 된
자가 있으면 반드시 판단을 해봐야 한다.

경매 집행 법원은 전입자가 거주인지, 비거주인지, 진짜 임차
인인지, 가장 임차인인지를 판단을 하지 않고 한결같이 임차인
으로 추정한다는 판단을 내린다. 그렇지만 입찰자는 가장 임차
인은 아닌지 분석해야 한다. 가장 임차인이라고 판단되는 전입
자 중에서도 전입일자가 말소기준권리보다 빠른지 늦은지 즉,
선순위인지 후순위인지 구별하는 것이 가장 중요하다.

전입일자가 빠른 선순위 가장 임차인의 명도

전입세대열람 결과 전입일자가 빠른 거주자가 있는 외형상 대항력 있는 임차인일 가능성이 있는 물건에 대해서는 상당한 주의가 필요하다. 앞서 설명한 것처럼 집행법원은 전입일자가 빠른 전입자에 대해서는 진짜냐 가짜냐를 구분하지 않고 명도 소송 대상자로 본다.

가장 임차인이라는 심증과 외형상 드러난 식별방법과 잘하면 돈이 된다는 어설픈 정보로 낙찰받았다면 흔한 말로 큰코 다칠 수 있다. 선순위 전입자가 가장 임차인이라는 증명은 낙찰자가 소명해야 한다. 결정적인 증거를 찾고 확보하기가 쉽지 않다.

그에 대한 확실한 증거를 확보하지 못하면 인도명령 신청을 해도 그대로 기각한다. 가짠지 진짠지 소송으로 다투라는 것이 경매 법원의 입장이다. 자칫 명도소송끼지도 갈 수 있다.

전입일자가 늦은 후순위 가장 임차인의 명도

전입일자가 늦은 후순위 가장 임차인도 마찬가지로 어떤 방법으로 임차인의 조건을 갖추고 권리를 주장해도 크게 어려워할 필요는 없다. 어차피 말소기준권리보다 후순위라면 인도명령 대상자로 분류돼 추가부담의 위험 없이 명도를 할 수 있기 때문이다. 가장 임차인이 배당요구로 배당확정이 되면 그로 인해 불이익을 받는 채권자가 사해행위 등의 혐의로 소송을 하는 등 배당금에 대해 다툴 일이지 매수인이 추가로 인수할 일은 없다.

단지, 불이익을 받는 채권자가 배당이의의 소를 제기하면 가장 임차인에게 확정된 배당금은 공탁이 되고 판결이 종결될 때까지 배당이 늦어진다. 그만큼 주택의 인도도 늦어질 수 있다는 것은 감수를 해야 한다. 그리고 이런 가장 임차인들은 반드시 무리한 이사비용을 요구하며 저항할 가능성이 농후하다. 때로는 수법 또한 교활해서 인도명령에 따른 강제집행은 물론 손해배상청구 등 주도적이고 강한 압박의 인도방법이 필요하다.

08 가장 임차인의 발생유형

첫 번째 : 선순위 전입자가 임차인 행세하는 유형

주로 소유자가 자신의 주택이 경매로 타인에게 넘어가는 상황에서 가족 구성원, 즉 부부지간이나 부모와 자식 등 직계존비속, 장인 또는 장모와 사위 형제지간이나 일가친척, 그 외 제3자 중 전입이 말소기순능기보다 빠르게 되어있는 전입자를 내세워 선순위 임차인 행세를 하는 경우다.

특수물건이 주제인 3권에서 자세히 설명하겠지만, 집행법원은 일단 전입일자가 빠른 거주자가 있으면 권리신고가 있든 없든 간에 대항력 있는 선순위 임차인으로 분류하여 공시를 한다. 이런 유형의 가장 임차인은 법원에 임대차신고나 배당신고를 하지 않는 것이 특징으로 낙찰자에게 고액의 보증금을 요구하는 것이 통상적이 수법이다. 또한 거듭된 유찰을 통한 저가낙찰로 소유자의 지인을 통한 매수를 시도하는 경우도 왕왕 볼 수가 있다.

두 번째 : 최우선변제금 배당을 위한 가장 임차인들의 유형

실질적으로는 임대차 관계가 없음에도 불구하고 경매가 곧 진행될 위기에 내몰린 소유자가 적당한 사람을 내세워 소액보증금에 해당하는 임대차계약을 체결하고 전입신고를 해서 최우선변제금을 배당받으려는 경우, 보증금이 소액에 해당하지 않아 전혀 배당을 받지 못하는 임차인이 임대차계약서를 소액보증금으로 낮추어 배당을 받으려는 경우, 채권자가 채권회수 목적으로 임차인으로 신고하는 경우 등 부정한 방법으로 권리 행세를 하는 임차인들이 이에 해당한다.

그러나 이런 유형은 어떤 임차인이라도 후순위에 해당하는 만큼 앞서 설명한 것과 같이 낙찰자는 추가부담의 위험이 없어 명도에만 더 신경을 쓰면 되는 임차인이라고 보면 된다.

가장 임차인의 식별 방법

주택을 입찰하기 전 임차인의 권리관계를 분석하기 위해 가장 먼저 조사하는 것이 전입세대열람내역이다. 이 서류를 통해 전입자의 전입일자가 말소기준등기보다 빠른지 늦은지를 확인하는 것이다. 그런 연후 대부분의 입찰자들은 일단 전입일자가 늦은 후순위 임차인이 있는 물건을 1차적으로 자신에게 맞는 입찰조건을 검토 후 입찰 여부를 결정하는 것이 일반적 순서다.

그런데 그 물건의 후순위 임차인이 가장 임차인으로 의심이 간다 해서 입찰을 포기하는 입찰자가 있을까? 후순위지만 가장 임차인 같은데 입찰을 해야 하나 말아야 하나, 다른 원인이나 이유가 있다면 몰라도 그런 이유로 고민도 망설일 필요가 없다는 것이 저자의 생각이다.

단지, 명도를 위해 진짠지 가짠지만 입찰 전에 파악하고 입찰에 참여하는 것이 중요하다. 식별도 어렵지 않다. 여러 가지 식별방법이 있지만 간단하게 경매 정보지의 경매 사건목록과 전입세대 열람내역 등에서 1~2개 정도만 파악해도 알 수가 있다. 전입일자가 빠르든 늦든 간에 임차인 행세를 하기 위해서는 가장 먼저 임대차계약서를 허위로 작성하는 등 근거를 만

든다. 실무에서 자주 접하는 내용을 간단하게 요약해서 식별해보기로 한다.

(1) 임대차계약서로의 식별방법

실질적으로 중개하지도 않은 임대차계약서를 작성해줄 공인중개사는 없다. 허위작성 당사자 쌍방이 작성하고 날인하고, 계약일 당시의 계약서 양식과 작성 시의 양식이 다른 경우가 많다. 또한 급조해서 작성하다 보니 보증금도 현 시세와 맞지 않게 터무니없이 비싸거나 싸게 작성한다. 또는 근저당설정일 구간의 최우선변제금에 맞지 않게 소액보증금을 기재하는 등 내용상 서로 맞지 않고 부실한 경우가 많다.

이렇게 작성된 임대차계약서는 거의가 허위로 작성된 것이라고 볼 수가 있다. 경매 초보자라도 이런 계약서를 보면 허위라는 것을 판단할 수 있을 정도로 허술하다. 그러나 입찰 전에는 정보지를 통한 임대차 관계만 확인할 수 있을 뿐 계약서는 볼 수가 없다. 임차인이 입찰자들에게 보여줄 리도 만무하다. 임대차계약서의 진위 여부를 확인할 수 있는 방법은 낙찰을 받고 나서 매수인 신분으로 집행기록 열람을 통해 확인하는 것이다. 입찰 전에는 확인서류가 되지 못한다.

(2) 전입일자와 확정일자, 보증금으로의 식별방법

입찰 전 계약서를 확인하지 못했더라도 경매 사건목록이나 전입세대 열람표를 통해 전입일자나 확정일자 또는 보증금액만 확인해봐도 가장 임차인인지 여부를 쉽게 판단할 수가 있다. 경매개시결정일 임박해서 전입신고(3개월 전후)한 경우나 임대차계약일과 전입신고일 사이에 상당한 기간 차이가 있는 경우는 가장 임차인으로 볼 수 있다. 보증금액이 최우선변제금에 맞춰져 있는 경우, 확정일자가 없거나, 계약일과의 차이가 많거나 경매개시결정 등기 전후에 받은 경우도 가장 임차인이 확률이 매우 높다.

그 밖에도 여러 가지 식별방법이 있지만 앞서 설명한 것처럼 전입일자가 늦은 후순위 임차인은 진성 임차인이든 가장 임차인이든 인도명령대상으로 추가 부담의 위험이 없다. 그러므로 가장 임차인인지 식별에 많은 노력을 할 필요는 없다.

그러나 전입일자가 빠른 전입자가 있는 물건은 가장 임차인인지의 여부에 세심한 분석과 조사가 필요하고 증거확보가 중요한 만큼 섣부른 판단은 금물이다. 이 역시 3권《알기 쉬운 특수물건》에서 자세히 설명하겠다.

09

인도^{명도}합의서와 인도확인서

인도(명도)합의서

인도합의서는 매수인과 점유자 간에 명도합의가 이루어지는 경우, 작성하는 일종의 각서 같은 증빙문서다. 향후 다툼을 방지하기 위해 필요한 문서로 합의가 완료되면 명도합의서(각서)를 작성하는 것이 좋다. 합의서 작성에는 어떤 특별한 형식이 있는 것은 아니다. 현재의 점유자를 상대로 합의서를 작성하는 것이 중요하다. 점유자는 소유자, 채무자, 임차인 등을 불문하고 실질적으로 직접 점유를 하고 있는 자를 말한다. 매각대금납부 후에 점유를 개시한 자도 그 대상이다.

부동산 명도합의서

사건번호 : 서울중앙지방법원 경매○○계(사건번호 2021타경1234호)
주   소 : 서울시 ○○구 ○○동 ○○번지 ○○아파트 ○○○동 ○○○호
갑 : ○○○ 인(위 소재 부동산의 소유자) 연락처 : 010-○○○○-○○○○
을 : ○○○ 인(위 소재 부동산의 점유자) 연락처 : 010-○○○○-○○○○

위 사건의 부동산에 대해 '갑'과 '을'은 아래와 같이 합의한다.

1. '을'은 2021.   .   . 까지 위 소재 부동산에서 점유를 해제하고 이사한다.
2. '을'이 이사하며 제3자에게 점유를 양도해서는 안 된다.
3. '을'이 이사할 때는 직계존비속은 물론 모든 동거인과 함께 한다.
4. '을'은 위 소재 부동산의 고정시설물이나 기타 시설물을 원상태에서 '갑'에게 양도한다. 만일 고정시설물이나 기타 중요시설물의 훼손이 있을 시는 싯가로 배상한다.
5. '을'은 이삿날까지 관리비와 공과금 등을 정산한다.
6. '을'이 본 합의서를 위반할 시는 강제집행은 물론 강제집행 비용 및 무단 거주에 의한 사용료와 미납된 공과금 등 손해에 대한 배상은 물론 경매 집행방해 등 형사적 책임도 진다.
   또한 '을'의 배당금(배당받는 임차인인 경우)에 압류조치를 한다.
7. '갑'은 '을'의 이사와 동시에 점유이전(이사비용조) 합의금으로
   금 : _____원 정을 지불하고 명도확인서가 필요 시 인감1통과 함께 교부한다(배당받는 임차인에게만 해당).
8. 기타 합의사항

2021년   월   일

보내는 사람 : (갑) ○○○(010-○○○○-1234)

예를 들어 임대차 계약자는 홍길동이지만 홍길동이 점유하지 않고, 실질적으로는 임꺽정이라는 제3자가 점유를 하고 있다면 임꺽정과 명도에 대한 합의각서를 작성해야 한다. [자료 5-3]은 구두상이나 메시지상으로 합의한 중요내용만을 예시한 조항이다. 이런 기준으로 이삿날을 확실히 명기한다. 그 날짜를 기준으로 합의된 내용과 합의를 불이행했을 시에 받을 불이익에 대해 빠짐없이 꼼꼼히 기록하면 된다.

인도(명도)확인서

명도합의서(각서)는 매수인과 점유자 간의 부동산 인도에 관한 합의 시 향후 다툼을 방지하기 위해 점유자로부터 각서를 받는 서류다. 진정한 임차인으로 보증금 전액을 배당받는 등 명도대상의 유형에 따라 구두로 또는 메시지상으로 충분히 명도이행에 대한 쌍방 간에 합의가 있으면 작성을 하지 않아도 되는 서류다.

그에 반해 명도확인서는 배당받는 임차인에게는 반드시 필요한 서류다. 매수인이 임차인으로부터 부동산을 넘겨받았다는 것을 확인해주는 확인서면이다. 매수인의 서명날인과 인감증명을 첨부해야 배당을 받을 수 있다. 배당기일 내에 배당신청을 한 주택이나 상가 임차인은 어떤 경우든 즉, 확정일자에 의한 우선변제로 배당을 받든 소액으로 최우선변제를 받든 매수인의 인감증명서와 명도확인서가 반드시 필요하다.

임차인의 대항력이 있든, 없든, 가장 임차인이든, 아니든 불문하고 배당받을 자격이 있는 임차인은 매수인으로부터 이 서류를 교부받아야 한다. 이 서류를 법원에 제출해야 배당을 받을 수 있다. 또한 전세권자나 임차권자도 등기촉탁에 의한 말소 외에 목적물의 인도도 동시이행관계에 있다. 임차인과 마찬가지로 매수인의 명도확인서가 필요하다.

법원은 배당기일에 매수인의 인감이 첨부된 인도확인서의 제출이 없는 임차인의 배당금 수령을 거부하고 공탁으로 처리하게 된다. 그래서 인도확인서를 명도합의에 유용한 카드로 활용하는 것이다. 그러니 인도확인서가 필요하지 않은 경우도 있다.

대항력 있는 임차인이 배당요구를 했으나 배당금의 일부만 배당받게 되는 경우는 인도확인서가 필요없다. 부도 주택의 임차인이 매수인과 임대차계약을 한 경우와 대지만 매각되서 그

매각대금에서만 배당을 받게 된 임차인 등도 매수인의 인도확인서 없이도 배당을 받을 수 있다.

[자료 5-4] 인도(명도)확인서 예시

인도(명도)확인서

사건번호 : 서울중앙지방법원 경매○○계 2021타경1234호
          물건번호 ○ 부동산 임의경매 사건
물건소재지 : 서울시 ○○구 ○○동 ○○번지 ○○아파트 ○○○동 ○○○호
매수인 : ○○○ (인)

   매수인은 위 사건의 소재지에 거주하는 임차인 ○○○가 그 점유 부동산을 2021년 ○○월 ○○일에 인도(명도)했음을 확인함

2021년   월   일

· 첨부서류
· 매수인 인감증명 1부

서울중앙지방법원 경매○○계 귀중

10

인도 ^{명도}는 심리전이다

입찰 과정이 물건과의 싸움이라면 명도는 매수인과 점유자 간에 심리전이자 기싸움이다. 입찰자들은 낙찰받는 순간부터 명도라는 숙제를 안게 된다. 어떻게 하면 쉽고 원만하게 처리할 수 있을지 숙고해야 한다. 명도의 가장 큰 적은 누구일까? 그것은 점유자가 아니라 명도를 시작하기도 전에 온갖 걱정과 불안한 마음 등을 끌어안고 있는 매수인 자신이다.

치열하게 손품, 발품 팔며 공들이고 내 돈 들여 집 사놓고 왜 불안해하고 걱정을 해야 하는가! 그럴 필요가 전혀 없다. 내 집, 내 부동산이니 점유의 권한이 없는 점유자에게 인도를 요구하는 것은 당연한 것이고 정당한 내 권리행사지 않는가. 명도는 그런 마음에서부터 시작이다.

　불안감과 걱정, 조급함과 조바심은 점유자가 하는 것이지 매수인이 할 이유도 없고, 필요도 없다. 상황에 맞게 순리대로 하면 된다. 싸움의 승부는 이미 정해져 있다. 흔히 말하는 칼자루는 매수인이 쥐고 있는 것이다. 점유자가 떼쓰고 억지를 부려봐야 피만 볼 뿐이다.

　대다수의 점유자들은 마치 맡겨둔 돈 내놓으라는 듯이 이사비를 요구한다. 주고, 안 주고는 매수인 뜻대로다. 시간에 쫓길 이유도 조바심을 가질 이유도 전혀 없다. 강하게 압박하거나, 유연하게 풀어서 해결하거나 결정을 하는 것도 바로 매수인 뜻대로다. 따라서 인도가 늦고 빠름도 점유자에게 달려 있는 것이 아니다. 매수인 자신의 뜻에 따라 차이가 있는 것이다.

명도(인도)의 고수는?

　명도의 고수는 가급적 점유자와 부딪치지를 않는다. 즉, 만나서 협의를 하지 않는다. 설령 만난다 해도 가급적 말을 아끼고 경청을 하며 상대방 의도와 유형을 파악한다. 그런 다음 내용증명, 일반우편, 문자메시지로 말보다는 문서로 의사를 전달하고 결정한다.

　명도의 고수는 조바심이나 성급함을 결코 드러내지도 않는다. 점유자의 일희일비나 그런 사연에 동요하거나 흔들림이 없다. 냉정하게 감정을 통제할 줄 알고 그렇다고 법을 좋아하지도 않는 그런 자가 바로 명도의 고수다.

부동산 성공 투자의 시작
알기 쉬운 경매 실무

제1판 1쇄 2022년 1월 5일

지은이 김인성
펴낸이 서정희　**펴낸곳** 매경출판㈜
기획제작 ㈜두드림미디어
책임편집 이향선　**디자인** 디자인 뜰채 apexmino@hanmail.net
마케팅 강윤현, 이진희, 장하라

매경출판㈜
등　록 2003년 4월 24일(No. 2-3759)
주　소 (04557) 서울시 중구 충무로 2(필동 1가) 매일경제 별관 2층 매경출판㈜
홈페이지 www.mkbook.co.kr
전　화 02)333-3577
이메일 dodreamedia@naver.com
인쇄·제본 ㈜M-print 031)8071-0961
ISBN 979-11-6484-345-9 (03320)

책 내용에 관한 궁금증은 표지 앞날개에 있는 저자의 이메일이나
저자의 각종 SNS 연락처로 문의해주시길 바랍니다.

📍 부동산 도서 목록 📍

♥ 부동산 도서 목록 ♥

📍 부동산 도서 목록 📍